Marguerite Depradel

Mi diario de emociones y habilidades sociales

Mi caja de herramientas para gestionar cualquier situación

Mi diario de emociones y habilidades sociales

Mi caja de herramientas para gestionar cualquier situación

Bienvenido(a) al asombroso mundo de las habilidades sociales. Te estarás preguntando: "¿Qué son las habilidades sociales?". Pues bien, son los superpoderes que te permiten desenvolverte en el mundo de las personas y las relaciones. Son las habilidades y herramientas que utilizas para conectar, comunicarte y cooperar con los demás.

Quizá estés pensando: "¿Por qué son tan importantes estas habilidades?". Excelente pregunta. Tener buenas habilidades sociales es como tener una llave para abrir un mundo de oportunidades. He aquí cómo pueden influir positivamente en tu vida:

- **Hacer amigos**: Imagínate poder iniciar una conversación, participar en un juego de grupo o hacer nuevos amigos con facilidad. Tener buenas habilidades sociales puede ayudarte a forjar amistades duraderas.

- **Comunicarte eficazmente**: ¿Alguna vez has tenido algo importante que decir, pero no encontrabas las palabras adecuadas? Las habilidades sociales pueden ayudarte a expresarte con claridad, asegurándote de que tu voz sea escuchada y tus ideas entendidas.

- **Resolver problemas**: La vida está llena de retos y conflictos. Con unas buenas habilidades sociales, estarás mejor preparado(a) para resolver problemas y conflictos y encontrar soluciones que beneficien a todos.

- **Aumentar la confianza en ti mismo(a)**: Al dominar las situaciones sociales, te sentirás más seguro(a) de ti mismo(a). Caminarás con la cabeza alta, hablarás con claridad y te sentirás más confiado(a).

- **Difundir amabilidad:** Ser socialmente competente también significa ser amable, respetuoso(a) y considerado(a). Difundiendo positividad, puedes contribuir a hacer del mundo un lugar mejor.

Este libro es tu pasaporte. Vamos a explorar todo tipo de situaciones sociales, desde hacer amigos hasta enfrentarte a las cosas difíciles como un profesional. Pero lo más importante es que este libro no trata sólo de leer, sino también de hacer.

A lo largo de esta guía encontrarás consejos, ejemplos y ejercicios prácticos. Podrás poner a prueba estas habilidades sociales en situaciones de la vida real, ya sea en la escuela, con tu familia o haciendo nuevos amigos.

¿Estás preparado(a) para dar rienda suelta a tus superpoderes en habilidades sociales y embarcarte en esta extraordinaria aventura? Abróchate el cinturón, porque estamos a punto de embarcarnos en una aventura que te ayudará a convertirte en una superestrella social. ¡Nos vamos!

Capítulo 1 : Entender tus emociones

¿Qué son las emociones?

Las emociones son como los colores del arco iris en el paisaje de tu vida. Son los sentimientos que surgen en ti en respuesta a lo que ocurre a tu alrededor y dentro de ti. Seguro que te has sentido feliz, triste, enfadado(a) o asustado(a) en diferentes momentos de tu vida, ¿verdad? Todo eso son emociones.

¿Por qué son importantes las emociones?

Quizá te preguntes por qué es importante entender las emociones. La respuesta es sencilla: las emociones son como una brújula interna. Te ayudan a entender lo que ocurre en tu mundo y a conectar con los demás. Cuando entiendes tus emociones, puedes :

- **Conocerte mejor:** Entender tus emociones puede ayudarte a descubrir lo que te mueve. Es como tener un superpoder que te permite explorar tu mente y tu corazón.

- **Forjar relaciones más sólidas:** Cuando entiendes tus emociones, también puedes entender las de los demás. Así te resultará más fácil relacionarte con tus amigos, tu familia y las personas que encuentres por el camino.

- **Toma mejores decisiones:** Las emociones pueden guiar tus decisiones. Pueden ayudarte a elegir lo que es mejor para ti, como saber cuándo es el momento de estudiar, relajarte o defenderte.

La rueda de las emociones

Imagina que tus emociones son como una gran rueda de colores con muchas rodajas diferentes. Cada rodaja representa una emoción diferente.

Exploremos algunas de las rodajas principales:

- **Bonheur** : Es la sensación de calidez y bienestar que sientes cuando algo te hace sonreír. Es como un día soleado en tu corazón. Por ejemplo, marcar un gol en el fútbol, acurrucarte con tus padres o pasar tiempo con tus amigo(a)s pueden hacerte feliz.

- **Tristeza**: La tristeza es como un día lluvioso para tus emociones. Puede aparecer cuando echas de menos a alguien a quien quieres o cuando las cosas no van como tú quieres. Estar triste de vez en cuando no tiene nada de malo, forma parte de la vida.

- **Ira**: Imagina esta emoción como un dragón ardiendo en tu interior. La ira puede surgir cuando te sientes frustrado(a), atacado(a) o tratado(a) injustamente. Es como si el dragón quisiera desbocarse, pero aprenderemos a domarlo.

- **Miedo**: El miedo es como una guardia protectora. Puede advertirte del peligro y protegerte. Es como la sensación de precaución que tienes cuando te encuentras con algo nuevo o desconocido.

- **Asco**: El asco es como saborear o ver algo repugnante. Es el sentimiento que te hace decir "¡Qué asco!

- **Sorpresa**: La sorpresa es como abrir un regalo y encontrar algo que no esperabas. Es esa sensación de "¡Vaya!" que hace que se te abran los ojos y se te acelere el corazón.

Para ayudarte a reconocer tus emociones, debes saber que suelen ir acompañadas de **signos físicos**. Por ejemplo:

- **Felicidad**: Te apetece sonreír y reír, te sientes ligero(a) y con energía, o puede que tengas ganas de saltar y bailar.

- **Tristeza**: Puedes tener ganas de llorar, sentirte cansado(a) o querer estar solo(a).

- **Cólera**: Puedes sentirte acalorado(a) o tenso(a), apretar los puños o tener ganas de gritar o dar pisotones.

- **Miedo**: Puedes sentir que se te acelera el corazón, que se te hace un nudo en la garganta, que te sudan las palmas de las manos, que tiemblas o que tienes ganas de salir corriendo.

- **Asco**: Cuando sientes asco, se te arruga la cara, se te arruga la nariz e incluso puedes sacar la lengua como diciendo "¡No, gracias!

- **Sorpresa**: Cuando te sorprendes, tus ojos se abren de par en par, tu boca forma una "O" y te estremeces un poco, como si acabaras de encontrar el mapa secreto de un tesoro.

Cuando te invade la emoción, la posición del cuerpo y los gestos son diferentes. El tono de voz también puede alterarse.

Ejercicio: Actuar

Para ayudarte a reconocer mejor las emociones, puedes fingir estar triste, enfadado(a), disgustado(a), contento(a), asustado(a) o sorprendido(a) delante de un espejo y anotar lo que ves.

Exercice : Explorar las emociones

Vamos a profundizar en tu propio mundo emocional con un divertido ejercicio. Coge un cuaderno o una hoja de papel y un bolígrafo o un lápiz. A lo largo del día, presta atención a cómo te sientes. Anota las emociones que sientes y qué puede haberlas desencadenado.

Aquí tienes tres ejemplos:

- Sentimiento: felicidad, alegría
- Motivo desencadenante: broma divertida en la comida con mis amigos.

- Sentimiento: enfado, frustración
- Motivo desencadenante: no he conseguido resolver un problema de matemáticas en clase.

- Sentimiento: miedo, estrés
- Motivo desencadenante: el profesor me ha llamado a la pizarra en una asignatura en la que no me siento cómodo(a).

Este ejercicio te ayudará a tomar conciencia de tus emociones y de lo que las desencadena. Es como hacer un mapa de tu paisaje emocional.

Ejercicio: ¿Puedes dibujar emociones como el miedo, la ira, la alegría y la tristeza en estas caras?

A continuación te mostramos cómo puedes representar estas emociones:

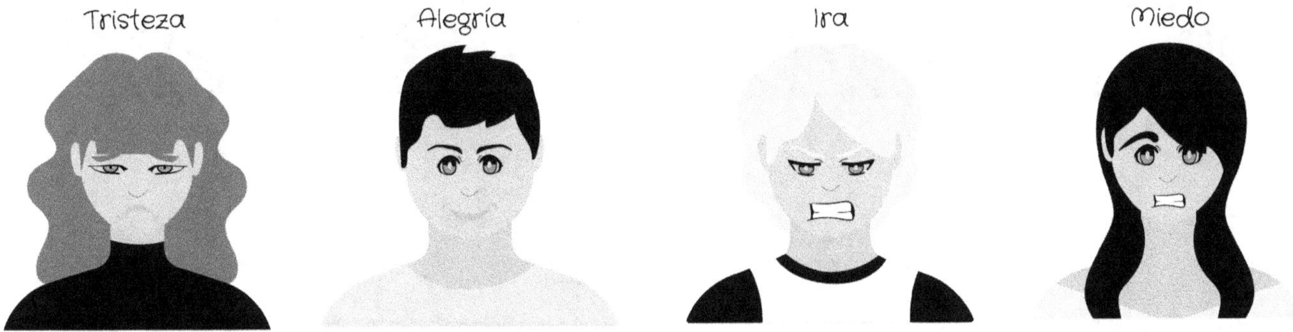

Observa que los ojos, las cejas y la boca son muy diferentes de una ilustración a otra.

También es útil tener un vocabulario variado para hablar de tus emociones y expresar su intensidad. Cuantas más palabras específicas tengas en tu caja de herramientas, mejor podrás comunicarte con los demás y mejor sabrás leer las emociones de los demás.

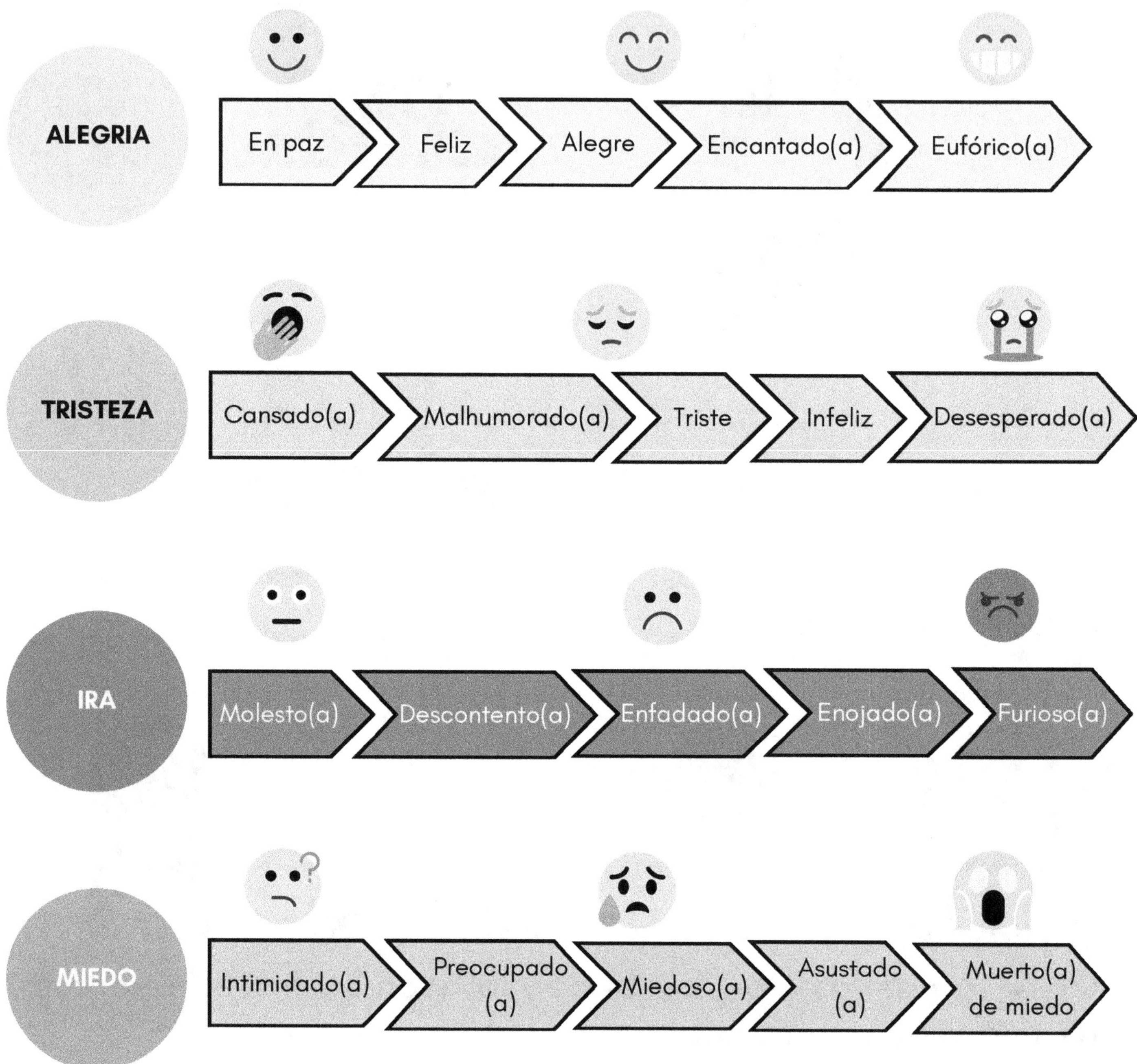

¿Conoces otras palabras? Puedes añadirlas en la página siguiente.

Satisfecho(a)

Eufórico(a)

Confiado(a)

Feliz

Encantado(a)

Sereno(a)

Cumplido(a)

Radiante

Inquieto(a)

Indignado(a)

Irritado(a)

Frustrado(a)

Agresivo(a)

Nervioso(a)

Aterrorizado(a)

Preocupado(a)

Conmocionado(a)

Incómodo(a)

Estresado(a)

Ansioso(a)

Pesimista

Malhumorado(a)

Deprimido(a)

Desanimado(a)

Machacado(a)

Aburrido(a)

A veces, las emociones están entrelazadas. Puedes sentirte desanimado(a) (*tristeza*) por tener que ordenar tu habitación desordenada e irritado(a) (*enfado*) porque nadie quiere ayudarte. O puedes sentirte satisfecho(a) (*felicidad*) porque has tenido un buen día, pero preocupado(a) porque mañana tienes un examen.

Además de variar en intensidad y mezclarse entre sí, hay más emociones que las seis que ya hemos mencionado. Éstas son algunas de las que probablemente hayas experimentado:

- **Entusiasmo**: El entusiasmo es lo que sientes el día antes de irte de vacaciones o el día de tu cumpleaños. Es una sensación de felicidad y expectación, como un montón de mariposas felices en la barriga. Cuando estás emocionado(a), puedes saltar, aplaudir o sonreír.

- **Aburrimiento**: El aburrimiento es como cuando llevas mucho tiempo haciendo lo mismo y empiezas a sentirte desinteresado e inquieto. Es esa sensación que te hace decir: "¡No sé qué hacer! Puede que te aburras en un largo viaje en coche, o en un día lluvioso en el que no puedes salir a jugar. Cuando estás aburrido, puedes suspirar o soltar un gran bostezo. Tu cerebro te está diciendo: "¡Necesito divertirme!

- **El amor**: El amor es un sentimiento de calidez y consuelo en el corazón. Es estar profundamente interesado(a) en alguien o en algo. El amor puede hacerte sentir cálido(a) y feliz por dentro. Puedes sentir amor cuando abrazas a tu mascota, pasas tiempo con tu familia o piensas en tu mejor amigo(a).

- **Envidia**: Los celos son como cuando realmente quieres algo que otra persona tiene, y eso te entristece o te molesta un poco. Es el sentimiento que dice "ojalá yo también tuviera eso". Puedes sentir celos cuando a tu amigo(a) le regalan un juguete nuevo, cuando tu hermano o hermana recibe más atención o cuando otra persona es buena en algo que tú estás intentando aprender. Cuando estás celoso(a), puedes fruncir el ceño, cruzarte de brazos o incluso dar un pisotón porque te gustaría tener lo que tiene otra persona.

Por último, hay otras emociones que puedes haber sentido u observado. Algunas pueden confundirse fácilmente con otras.

- **Incomodidad:** La incomodidad es cuando cometes un error y te sientes un poco tímido(a) o avergonzado(a). Es un sentimiento que dice: "¡Uy! Ha sido gracioso, pero ojalá no hubiera pasado". Puedes sentir vergüenza si tropiezas y te caes delante de alguien, o si dices algo gracioso por accidente en clase y todo el mundo se ríe. La vergüenza está relacionada con la imagen que quieres proyectar a los demás. Cuando te sientes incomodo(a), tus mejillas pueden sonrosarse, puedes soltar una risita nerviosa o mirarte los zapatos.

- **Vergüenza**: La vergüenza ocurre cuando te sientes muy mal por algo que has hecho. La vergüenza es una respuesta a algo que sabes que es moralmente incorrecto o reprobable. Puedes sentir vergüenza si has dicho algo desagradable a un amigo o si has hecho algo que no deberías haber hecho. Cuando te avergüenzas, miras hacia abajo, te sientes poca cosa y quieres arreglar las cosas lo antes posible.

- **Culpabilidad**: La culpabilidad se produce cuando sabes que has hecho algo malo o has herido a alguien, y te sientes realmente arrepentido(a). Piensas: "He hecho algo malo y quiero compensarlo". Mientras que la vergüenza dice "soy malo(a)", la culpa dice "he hecho algo malo".

- Puedes sentirte culpable si rompes accidentalmente algo que pertenece a otra persona, o si dices una mentira y te sientes culpable por ello. Cuando te sientes culpable, puedes poner cara triste y querer disculparte y enmendar tus errores.

- **Orgullo**: Sientes orgullo cuando consigues algo por lo que has trabajado duro y te sientes realmente feliz y satisfecho(a) contigo mismo(a). Es un sentimiento que dice: "¡Lo he conseguido y estoy orgulloso(a) de mí mismo(a)! Cuando estás orgulloso(a), te pones de pie, sonríes y quieres compartir tu éxito con los demás.

- **Alivio**: Alivio es cuando estabas preocupado(a) por algo y todo ha salido bien. Es ese suspiro que dice: "¡Uf! Ya está todo bien". Puedes sentir alivio cuando encuentras algo que habías perdido, o cuando estabas preocupado por suspender un examen pero en realidad lo has hecho bien. Cuando sientes alivio, puedes respirar hondo, relajar los hombros y adoptar una expresión alegre y relajada.

El vínculo entre las emociones y las habilidades sociales

Ahora que hemos hablado de las distintas emociones y de cómo nos sentimos, vamos a explorar cómo pueden ayudarte en el mundo de las habilidades sociales.

- **Las emociones te ayudan a crear vínculos**: Imagina que estás jugando con un(a) amigo(a) y ambos estáis entusiasmados por construir una enorme torre de bloques. Tu emoción es como un código secreto que le dice a tu amigo: "¡Eh, me lo estoy pasando como nunca! Vamos a ello". Y su entusiasmo te transmite lo mismo a ti. Es como si las dos hablarais el mismo idioma de la felicidad sin decir ni una palabra.

- **Las emociones te ayudan a entender a los demás**: cuando tu amigo parece un poco triste, es el momento de preguntarle: "¿Estás bien? ¿Qué te pasa?". Tu amabilidad puede ayudarle a sentirse mejor. Al reconocer su tristeza, estás siendo un buen amigo y demostrando que te importa.

- **Las emociones guían tus acciones**: La ira es como un fuego que te quema por dentro, ¿verdad? Pero también puede servirte de guía y decirte: "Aquí hay algo que no va bien". Si respiras hondo y hablas con calma, puedes resolver los problemas y arreglar las cosas.

- **Las emociones son como el tiempo**: A veces puedes empezar el día de mal humor, como un día lluvioso. Pero si ves algo estupendo, puedes sentirte tan soleado(a) como un cielo de verano. Las emociones pueden cambiar, ¡y es normal!

- **Las emociones demuestran que eres humano(a)**: No olvides que es perfectamente normal sentir todo tipo de emociones. Feliz, triste, emocionado(a) o incluso asustado(a): todo forma parte de lo que te hace especial. ¿Y adivina qué? Todo el mundo las siente. Las emociones son lo que nos hace humanos, ¡y eso es extraordinario!

Así que la próxima vez que estés con tus amigos o familiares, presta atención a tus emociones y a las suyas. Son tus fieles compañeras en tu aventura de habilidades sociales. Con su ayuda, te entenderás mejor a ti mismo y a la gente que te rodea, harás buenos amigos y te divertirás mucho.

Capítulo 2: Desarrollar la confianza en sí mismo

El poder de la confianza en sí mismo en situaciones sociales

¿Estás preparado(a) para descubrir el increíble poder de la confianza en sí mismo? Entonces prepárate, porque estamos a punto de empezar nuestro viaje para aumentar tu confianza en ti mismo(a), y esto va a suponer una gran diferencia en tus aventuras sociales.

- La confianza en ti mismo(a) te permite acercarte a gente nueva con una sonrisa amable y un lenguaje corporal abierto. Esta confianza significa: "¡Soy genial y estoy deseando conocerte!

- Cuando tienes confianza en ti mismo(a), es más probable que compartas tus opiniones e ideas en las conversaciones. Tu voz se convierte en una valiosa herramienta para expresarte.

- La confianza en sí mismo(a) es como un escudo contra el miedo. Te ayuda a afrontar retos, como probar cosas nuevas o hablar delante de un grupo, con valentía y determinación.

Cuando crees en ti mismo, los demás también creen en ti.

Consejos para aumentar la confianza en sí mismo

Vamos a llenar tu caja de herramientas de autoconfianza con unos cuantos consejos prácticos:

- **Silencia a tu crítico interior**: Seguro que todos sentimos que cometemos errores o que podemos hacerlo mejor, pero si te dices constantemente que no puedes triunfar o hacer amigos, empezarás a creértelo. Si empiezas a pensar en algo negativo, párate y haz algo diferente, como escuchar música, salir a correr o concentrarte en otra cosa. Puede ser útil escribir los pensamientos negativos que tienes. Luego intenta entender de dónde vienen y qué los ha desencadenado.

- **Fíjate pequeños objetivos**: Haz una lista de las cosas que siempre has querido probar. Elige una y pruébala. Cada nueva experiencia aumentará tu confianza en ti mismo. Divide los grandes retos en pasos más pequeños y manejables. Puedes utilizar la plantilla de la página siguiente para ayudarte.

Objetivo número __

Mi objetivo:

____

____

Quiero conseguir este objetivo porque:

____

____

Fecha en la que quiero conseguirlo: _______________

Paso 1

Paso 2

Paso 3

Paso 4

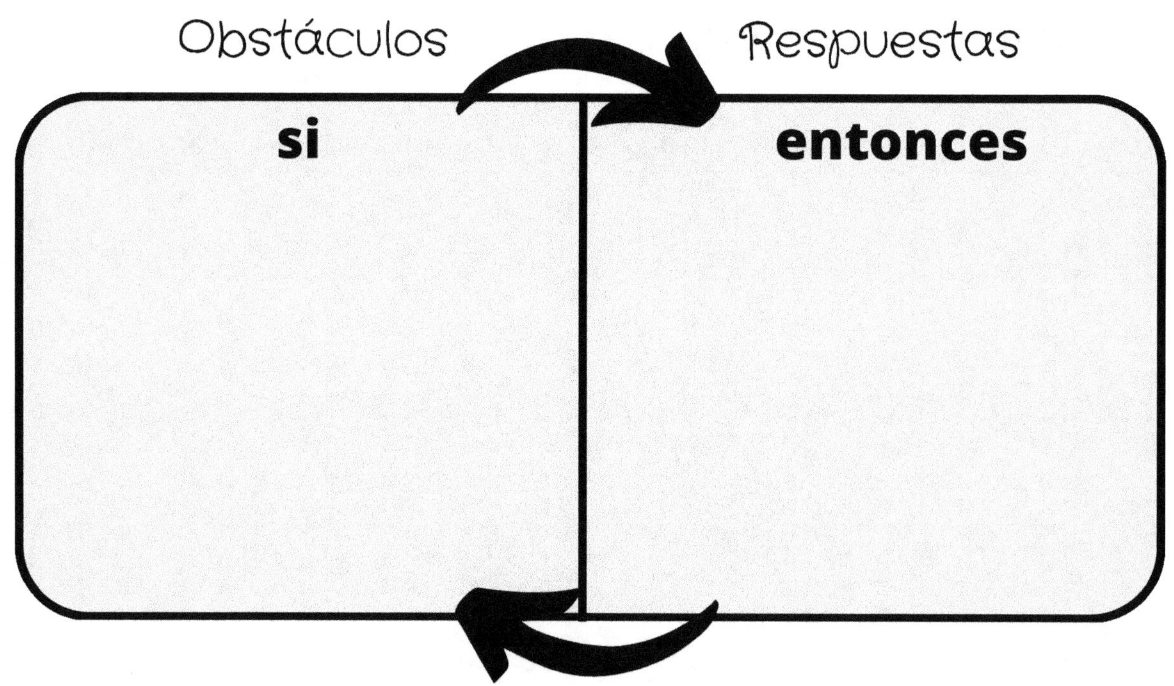

Lo que puedo decirme a mí mismo(a) cuando mi voz interior es demasiado crítica o negativa

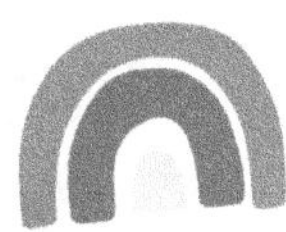

En lugar de decir...	Prueba...
Esto se me da fatal	¿Qué puedo hacer para mejorar?
Soy genial en esto	Estoy en el buen camino
Es demasiado difícil	Llevará tiempo pero lo conseguiré
Me rindo	¿Y si pruebo otra estrategia?
Me he equivocado (otra vez)	Los errores me ayudan a progresar
No puedo hacerlo	Todavía no puedo
No lo sé	Puedo aprender
Los demás son mejores que yo	Yo también puedo
Ya sé lo suficiente sobre el tema	¿Qué más puedo aprender?
Eso es suficiente	¿Puedo hacerlo hacerlo mejor?

- **Escribe tus logros**: Haz una lista de las veces que te has sentido orgulloso(a) de ti mismo(a). Puedes incluso llevar un cuaderno especial para este fin y releerlo con regularidad para reforzar tu autoestima. Un logro puede ser aprobar un examen, hacerlo bien en una competición, ganar un concurso, superar un reto personal, dar un buen consejo a alguien o contar un chiste que haya hecho reír a tus amigos. Escribe a continuación aquellos de los que te sientas más orgulloso(a):

  ____

  ____

  ____

  ____

- **Celebra tus logros**, por pequeños que sean. Ya sea completar un ejercicio difícil o hacer un nuevo amigo, felicítate. Incluso puedes inventarte un pequeño baile de celebración para tu dormitorio o cuarto de baño.

- **Practica, practica, practica**: La confianza en sí mismo(a) suele venir de la experiencia. Cuanto más practiques algo, como hablar con gente nueva, levantar la mano en clase para participar o probar una nueva afición, más seguro(a) te sentirás de ti mismo(a). Puedes utilizar la plantilla de la página siguiente para anotar tus esfuerzos.

Mis retos diarios

Escribe a continuación algunos pequeños retos diarios. Apunta cosas que sabes que puedes hacer pero que te resistes a hacer: saludar? sonreír? levantar la mano en clase? hablar con los demás? Colorea la casilla cuando hayas superado el reto.

Mis retos

Tener más confianza en la escuela

La escuela es un reto para todos, ya estés en el colegio, el instituto o la universidad. Si te cuesta expresarte en clase o te da miedo probar cosas nuevas, aquí tienes algunas sugerencias para tener más confianza en ti mismo en la escuela.

- **¿Tienes problemas en el colegio o crees que vas mal en alguna asignatura?** Piensa en las habilidades, rasgos de personalidad y cualidades de las que te sientes orgulloso. Todos tenemos días en los que nos sentimos mal con nosotros mismos, pero eso no cambia nuestras cualidades. Tómate tu tiempo para pensar en lo que te gusta de ti mismo(a). Saca tu agenda o planificador y haz una lista. Así podrás recordarlas siempre que te sientas un poco mal. Por ejemplo, puede que te guste que eres empático(a) y se te da bien el deporte, o puede que estés orgulloso(a) de que tienes buen gusto musical y eres leal a tus amigo(a)s.

- **Ponte la ropa con la que te sientas cómodo(a).** Elijas lo que elijas, ponte algo que te haga sentir bien contigo mismo. Puedes ponerte tu ropa favorita de siempre o ahorrar y comprarte ropa nueva. Si te sientes acomplejado(a) por tu ropa, probablemente no serás todo lo extrovertido(a) y atrevido(a) que podrías ser.

- **Saca el máximo partido a lo que te gusta de tu aspecto**. Por ejemplo, si te gustan los ojos verdes, ponte ropa morada o verde que resalte tus ojos. Recuerda que tienes que sentirte cómodo(a) con tu ropa, sobre todo porque estarás todo el día en el colegio. Olvídate de zapatos incómodos o ropa demasiado ajustada o escasa.

- **Practica cómo expresarte**. No te afeites las paredes, ponte erguido(a) y mira a la gente a los ojos. Vence tu timidez socializando o hablando en clase. Si estás acostumbrado a bajar la cabeza o esperar a que otros hablen por ti, oblígate a levantar la mano. Intenta dar pequeños pasos cada día para aumentar gradualmente tu confianza.

- **¿Quieres hacer amigos?** Saluda a alguien nuevo o pregúntale cómo le va. Intenta mantener conversaciones más largas cuando conozcas a la persona y te sientas más cómodo(a). Lo veremos con más detalle en el próximo capítulo.

- **Haz preguntas en clase**. Obtén las respuestas que necesitas y, al mismo tiempo, muéstrate seguro(a) de ti mismo(a). En lugar de quedarte callado(a) y esperar que alguien pregunte al profesor lo que quieres saber, levanta la mano y haz preguntas. El profesor pensará que estás interesado(a) en el curso y descubrirás lo que quieres saber. Si te cuesta hacer preguntas, ponte como objetivo hacer una pregunta al día en clase. Verás que cuanto más a menudo lo hagas, más fácil te resultará.

  ¿Todavía tienes miedo de hacer preguntas delante de la clase? Quédate después de clase o llega pronto para plantear tu pregunta al profesor.

- **Intenta ser un(a) buen(a) alumno(a)**. Participa en las clases, toma apuntes y haz los deberes. Si te esfuerzas por aprender, te sentirás más seguro(a) de tus conocimientos. Así te resultará más fácil participar en los debates de clase, responder a las preguntas o aprobar los exámenes sin ansiedad.

  Si sabes que vas a faltar a clase, pide a un(a) compañero(a) que tome apuntes por ti y recoja tus deberes.

- **No te tomes demasiado en serio si metes la pata o te sientes ridículo(a)**. No eres más que un ser humano. Reconoce que te ha pasado algo gracioso y sigue adelante. Cuanto más te rías de ti mismo(a), menos presión tendrás para ser perfecto(a). Cuando la gente ve que estás dispuesto(a) a reírte de ti mismo(a), piensa que tienes confianza y se siente menos tentada a burlarse de ti. Y si no te hace gracia cuando te pasa algo embarazoso, al menos intenta fingir que no importa. Esto puede requerir un poco de práctica, pero con el tiempo te sentirás más cómodo(a).

- **Repite algunas afirmaciones positivas**. Anímate cuando necesites un impulso de confianza. Si sabes que vas a hacer un examen, hablar delante de una clase o responder a las preguntas del profesor, puede que necesites un poco más de confianza. En lugar de dejarte llevar por el pánico, tómate unos instantes para recordar tus conocimientos o capacidades. Siéntate recto y respira hondo para sentirte más seguro(a). Por ejemplo, puedes decirte a ti mismo(a): "He estudiado mucho y conozco esta asignatura".

Afrontar los miedos y superar los retos

Todos tenemos miedos, pero puedes superarlos teniendo confianza en ti mismo(a):

- **Miedo al rechazo**: Recuerda que no todo el mundo se convertirá en tu amigo(a), y eso es perfectamente normal. Cuando alguien te diga que no, no te lo tomes como un rechazo, sino como una oportunidad para encontrar a alguien que te aprecie más.

- **Miedo a cometer errores**: Acepta que cometer errores forma parte del aprendizaje y de los progresos. Puedes decirte a ti mismo(a): "He suspendido ese examen, pero ahora sé en qué tengo que trabajar". Si ves los errores como oportunidades para aprender y mejorar, tu confianza en ti mismo(a) se disparará. No olvides que todo el mundo comete errores.

- **Miedo a lo desconocido**: las situaciones o actividades nuevas pueden asustar, pero también pueden convertirse en emocionantes aventuras a punto de ocurrir. Acepta lo desconocido y lo nuevo con curiosidad y tu confianza en ti mismo(a) crecerá.

Descubre una nueva habilidad, curso o club

Esto te ayudará a desarrollar tus intereses y hacer nuevos amigos. Piensa en las asignaturas y actividades que te gustan:

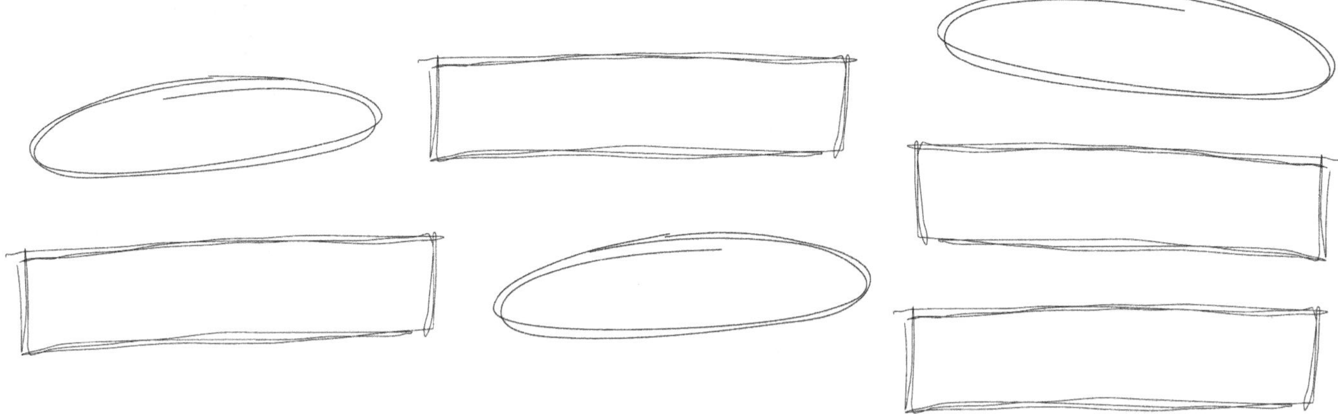

Luego busca la manera de hacer cursos o apuntarte a clubes que te apasionen. Lo más probable es que conozcas a gente que comparta tus mismos intereses y con la que sea más fácil hablar. Por ejemplo, si te gustan las clases de alemán, únete al club de alemán de tu instituto. Así tendrás la oportunidad de relacionarte con tus compañero(a)s en un ambiente más relajado.

Puede que te asuste la idea de presentarte a las pruebas de un equipo al que realmente quieres entrar. Acude a las pruebas confiado(a) en tu capacidad para jugar y mejorar. Recuerda que no necesitas ser un(a) experto(a) para entrar en el equipo, sólo tienes que estar dispuesto(a) a practicar y mejorar.

Imagina lo que un pequeño entrenador sentado en tu hombro podría decirte para animarte a aceptar este reto

Ejercicios para aumentar la confianza en uno mismo

Diviértete desarrollando los músculos de la confianza en ti mismo con estos dos ejercicios.

- **La magia del espejo**: Siéntate frente a un espejo, mírate y di afirmaciones positivas como "Tengo confianza en mí mismo(a)", "Soy valiente" y "Creo en mí mismo(a)". Repítelas todos los días.

- **Postura de superhéroe**: Mantén una postura de superhéroe (espalda recta, manos en las caderas, pecho fuera, barbilla arriba) durante unos minutos cada día. Puede parecer una tontería, pero las llamadas "posturas de poder" ayudan a aumentar la confianza en uno mismo.

Capítulo 3: Hacer amigos

¿Qué es un(a) buen(a) amigo(a)?

Los buenos amigos son como cofres llenos de bondad, risas y secretos compartidos. Son las personas que quieres a tu lado en los buenos y en los malos momentos. He aquí algunas de las cualidades que hacen que un amigo sea realmente extraordinario:

- **Bondad**: Los buenos amigos hacen cosas que te hacen sentir apreciado, como ayudarte cuando tienes problemas o simplemente decir algo bonito para alegrarte el día.

- **Empatía**: Los amigos empáticos entienden cómo te sientes aunque no les digas nada. Pueden consolarte cuando estás triste o alegrarse contigo cuando estás feliz.

- **Respeto**: El respeto es la regla de oro de la amistad. Los buenos amigos te tratan con amabilidad y justicia. No se burlan de ti ni hieren tus sentimientos a propósito. Te escuchan cuando hablas y respetan tus pensamientos e ideas.

Para ganar y mantener buenas amistades, es importante que tú también seas un(a) buen(a) amigo(a). Puede resultarte útil hacer una lista de las cualidades que buscas en un(a) amigo(a), como :

- ser alguien con quien te guste hablar y pasar el tiempo,
- ser respetuoso(a),
- ser leal,
- estar ahí para los demás en los momentos difíciles,
- que le gusten las mismas cosas (películas, música y aficiones),
- ser capaz de hacer reír a los demás,
- saber escuchar.

Esta lista te ayudará a entender lo que buscas en una amistad y el tipo de amigo(a) que quieres ser.

Utiliza la página siguiente para aclarar tus expectativas.

Mis expectativas

Me hace
reír

Es
sincero

Es digno de
confianza

Es amable
conmigo

Es leal

Me
comprende

Me acepta tal
como soy

Es
popular

Guarda mis
secretos

Me
anima

Comparte
mis
intereses

No se toma
en serio a sí
mismo(a)

Me hace
sentir bien

Me
aconseja

Me
apoya

Me empuja
a hacer
cosas
nuevas

Lleva ropa
bonita

Expectativas entre amigo(a)s

Las expectativas son las reglas no escritas que prevalecen en una amistad. Entre otras cosas, caracterizan la forma en que crees que debe actuar un(a) amigo(a). También incluyen las cosas que quieres que tu amigo(a) haga por ti, normalmente sin tener que pedírselo.

Si estas expectativas no están claras o son demasiado exigentes, pueden causar problemas. Sin embargo, comprender las expectativas de un(a) amigo(a) o incluso las tuyas propias puede llevar tiempo.

A veces, nuestras expectativas se revelan cuando un(a) amigo(a) deja de cumplirlas o cuando nos decepciona. Cuando un(a) amigo(a) te decepciona, es una oportunidad para entender mejor lo que necesitas y esperas de una amistad. También es una oportunidad para hablar con tu amigo(a) y resolver las cosas juntos. La amistad puede salir reforzada.

Si sientes que una amistad no está a la altura de tus expectativas, puedes hacerte las siguientes preguntas:

¿Por qué me siento abandonado(a) o enfadado(a) con mi amigo (a)?

* ____

* ____

¿Qué debería haber hecho mi amigo de forma diferente para hacerme sentir mejor?

* ____

* ____

¿Era consciente mi amigo(a) de lo que yo esperaba?

* ____

¿Consideraría mi amigo(a) que mis expectativas eran razonables? ¿Por qué sí o por qué no?

* ____

¿Las expectativas de mi amigo(a) son más o menos las mismas?

* ____

* ____

Conciliar las expectativas

Tener expectativas diferentes no significa necesariamente que vuestra amistad esté condenada al fracaso. La comunicación abierta sobre las expectativas puede resultar difícil y tener una gran carga emocional, pero es necesaria. Ten en cuenta estos consejos:

Espera a estar a solas con tu amigo(a) y elige un momento en el que ambos estéis tranquilos. Di: "Hay algo que me preocupa y de lo que me gustaría hablar contigo".

Sé específico sobre cómo te sientes, pero no acuses a tu amigo(a) de haber hecho algo malo. Di: "Me sentí decepcionado(a)/traicionado(a) cuando ocurrió 'X', y me gustaría saber qué piensas".

Escucha a tu amigo(a) y mantén la mente abierta. Intenta comprender su punto de vista. ¿Ve las cosas como tú?

Describe tus expectativas. Si algunas cosas de vuestra amistad no son negociables, sé claro. Por ejemplo: "Si sabes que vas a llegar tarde, me gustaría que me llamaras o me mandaras un mensaje".

Acepta las disculpas de tu amigo(a), puede que no se haya dado cuenta de que ha herido tus sentimientos. Por eso es importante ser sincero(a) y abierto(a).

¿Cuándo y cómo debe acabar una amistad?

Si te sientes atrapado(a) en una amistad estresante o decepcionante, y has hablado con tu amigo(a) como se explica en las páginas anteriores, pero las cosas no han mejorado, probablemente ha llegado el momento de distanciarte y, si es necesario, poner fin a vuestra amistad.

Tomar distancia de un(a) amigo(a)

Hablar del problema con tu amigo(a) no ha mejorado la situación. Tal vez no te sientas cómodo(a) planteándole el tema. O puede que simplemente necesites que la relación ocupe menos espacio para tener más energía para otras cosas. Si es así, piensa en decirle a tu amigo(a) que te gustaría distanciarte un poco y ten en cuenta estas cosas:

- **Establece límites claros**. Cuando hayas tomado la decisión de distanciarte de un amigo(a), sé sincero(a) con él(ella) sobre lo que necesitas. ¿Podéis seguir saliendo junto(a)s pero en un grupo más grande, por ejemplo? ¿Se aceptan mensajes?

- **Apóyate en tus otras relaciones**. Este es el momento ideal para hacer y mantener otras amistades. Te recordará que hay muchas personas en tu vida que te apoyan y se preocupan por ti.

- **Sé cortés**. Tú, tu amigo(a) y la gente que os rodea estaréis mucho menos tenso(a)s si te muestras cortés. No hace falta que seas su mejor amigo(a), pero una sonrisa y un gesto con la mano al cruzarte con él(ella) en el pasillo le harán saber que no le(la) odias.

- **Cuídate**. Aprovecha el tiempo y el espacio que te sobran para hacer cosas que te hagan sentir bien, como hacer ejercicio, comer sano, leer o dibujar. Discutir con un(a) amigo(a) puede ser emocionalmente agotador, así que no pierdas de vista tus necesidades.

Evita :

- **Esperar demasiado de ellos(ellas)**. Es esencial que le digas a tu amigo(a) lo que necesitas, pero no puedes pedirle más de lo que puede darte. No es razonable esperar que cambie el horario de sus clases o que renuncie a una actividad que compartís para evitar verte.

- **Sentirte culpable por querer espacio**. Nadie tiene derecho a tu tiempo ni a tu atención, ni siquiera tus amigo(a)s. No tiene nada de malo decir que no y optar por no involucrarte en situaciones que te incomodan.

- **Convertirlo en algo personal**. Recuerda que tu amigo(a) no es necesariamente una mala persona. Lo que ocurre es que su comportamiento te afecta negativamente. Puedes intentar evitar su comportamiento sin hacerle sentir como un mal ser humano.

- **Enviar mensajes contradictorios**. Mantén tu decisión. Por ejemplo, corres el riesgo de enviar mensajes contradictorios si dices que no quieres ningún contacto pero sigues mencionándole(la) en las redes sociales. Sé claro(a) y coherente desde el principio.

Poner fin a una amistad

Si el diálogo y el distanciamiento no son suficientes, puede que la relación haya llegado a su fin. A menudo pensamos en "romper" en el contexto de las relaciones románticas, pero terminar una amistad, aunque difícil, también puede ser necesario para tu salud mental.

Saber cuándo parar

No merece la pena intentar salvar algunas relaciones. Si tu amigo(a) ha hecho repetidamente cosas que te han herido(a), han traicionado tu confianza o te han hecho sentir mal, no tienes por qué salvar vuestra amistad. No tienes ninguna obligación con él o ella, no importa cuánto tiempo llevéis siendo amigo(a)s o lo buena que sea vuestra amistad.

Ejercicio: ¿Puedes identificar a un(a) falso amigo(a)? ¿Puedes encontrar otros ejemplos de falso(a)s amigo(a)s y añadirlos en las burbujas de abajo?

Cómo poner fin a vuestra amistad

- **Ten una conversación cara a cara**. Cuando pongas fin a tu amistad, no te limites a ignorar a tu amigo(a). Ten una conversación privada para hacerle saber que se ha acabado y por qué. Asegúrate de que estáis solo(a)s, ya que la situación puede agravarse en presencia de público.

- **Prepárate**. Prepárate a que se enfade o que se ponga triste. Puede que tú también te sientas así. Es muy difícil poner fin a una amistad, tanto ahora como en el futuro. Ten un plan para ti (como planear estar con otros amigo(a)s después) y para cómo vas a responder.

- **Limítate a los hechos**. Es útil que tu amigo(a) sepa por qué has tomado esta decisión, pero no lo utilices como una oportunidad para menospreciarle(a) y hacerle(a) sentir peor de lo que probablemente ya se siente. Es la diferencia entre "has cambiado y odio la persona en la que te has convertido" y "siento que nos hemos distanciado en los últimos años y necesito espacio para crecer por mi cuenta".

Cosas a evitar:

- **Guardar rencor**. Los sentimientos desagradables pueden persistir incluso después de que la amistad haya terminado. Hay mejores formas de manejar estos sentimientos (ejercicio, terapia, arte, etc.) que guardar rencor.

- **Pedir a tus amigo(a)s que tomen partido**. La situación es difícil para ti y para tu amigo(a), pero probablemente sea igual de difícil para lo(a)s amigo(a)s que compartís. Ver discutir a tus amigo(a)s es muy desagradable, así que no se lo pongas más difícil pidiéndoles que elijan entre vosotro(a)s. No sólo es injusto para ello(a)s, sino que además corres el riesgo de enfadarte con ello(a)s si las cosas no salen como habías planeado.

- **Difundir cotilleos**. Estas situaciones son realmente dolorosas y complicadas, y aunque tengas ganas de desahogarte, contrólate. Lo más probable es que tus críticas o cotilleos vuelvan a tu ex amigo(a) y provoquen el mismo tipo de tensión que estás intentando evitar.

Cómo iniciar una conversación

Iniciar una conversación para hacer nuevo(a)s amigo(a)s puede parecer a veces un poco complicado, pero con el enfoque adecuado puede ser divertido y gratificante.

Aquí tienes algunas ideas que te ayudarán a hacer nuevo(a)s amigo(a)s:

- **Mira a tu alrededor**: ¿has visto a algún joven simpático de tu edad en tu barrio? ¿Hay alumnos del colegio a los que te gustaría conocer mejor? ¿Podrías hacer amigos con gente que ya conoces? Piensa en gente que comparta tus intereses.

- **Amplía tu círculo**: Muchos jóvenes hacen amigos a través de actividades extraescolares. Piensa en las actividades que te gustan e infórmate sobre los equipos y clubes de tu colegio o barrio. También puedes plantearte hacer voluntariado o asistir a cursos fuera de la escuela. Todas estas opciones son formas estupendas de conocer a otros jóvenes que comparten tus intereses.

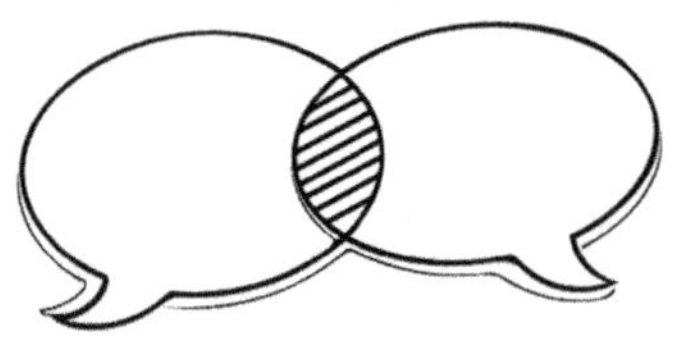

Una vez que hayas visto a alguien que crees que puede tener algo en común contigo, aquí tienes algunos consejos sobre cómo iniciar una conversación:

- **Saluda a la gente de forma amistosa**: Empieza con un saludo cálido y amistoso, como "¡Hola!" o "¡Que tal!". Una sonrisa alegre y el contacto visual te harán parecer accesible y abierto a la conversación.

- **Preséntate**: Tras el saludo, es hora de presentarse. Di tu nombre y quizá algo interesante sobre ti. Por ejemplo: "Hola, me llamo [tu nombre] y me encanta jugar al fútbol" o "Hola, soy [tu nombre] y estamos en la misma clase de inglés".

- **Haz preguntas abiertas**: Haz preguntas que no puedan responderse con un simple "sí" o "no". Las preguntas abiertas invitan a conversaciones más profundas. Por ejemplo:

  - "¿Cuál es tu asignatura favorita en el colegio?"
  - "¿Qué te gusta hacer para divertirte?"
  - "¿Qué deportes practicas? "

- **Intenta descubrir intereses comunes**: Si a los dos os gusta dibujar, puedes decir: "A mí me gusta mucho dibujar. ¿A ti también te gusta dibujar?". Encontrar cosas en común puede ser el comienzo de una gran amistad.

- **Los cumplidos hacen maravillas**: Los cumplidos son como potenciadores de la amistad. Puedes decir algo bonito sobre lo que lleva puesto la otra persona o algo que admires de ella (pero sólo si lo dices de verdad y te sientes cómodo(a) haciéndolo). Por ejemplo: "Me encanta tu mochila. Es muy colorida".

- **Escucha activamente**: Cuando la persona responda a tus preguntas, escúchala con atención. Muéstrale que te interesa lo que tiene que decir asintiendo con la cabeza, manteniendo el contacto visual y respondiendo con preguntas o comentarios adicionales.

- **Comparte tus experiencias**: Habla también un poco de ti. Habla de tus aficiones, libros favoritos o experiencias divertidas. Compartir permite que la conversación vaya en ambas direcciones.

- **Utiliza el lenguaje corporal**: Ponte de pie o siéntate recto, no cruces los brazos (esto puede dar la impresión de que eres une persona cerrada) y adopta una actitud amistosa y abierta.

- **Sé paciente y respetuoso(a)**: A veces la gente necesita un poco de tiempo para abrirse. Sé paciente y dales espacio si parecen tímidas o indecisas. Es importante respetar los límites de las personas y escucharlas.

- **Seguimiento**: si descubres un interés compartido o un punto en común, utilízalo como punto de partida para futuras conversaciones. Por ejemplo, puedes decir: "Ya que a los dos nos gusta dibujar, ¿podrías decirme qué estás haciendo para mejorar?"

- **Pasa a la siguiente fase**: cuando veas que la persona te responde de forma amistosa y parece disfrutar en tu presencia, puedes preguntarle si le gustaría hacer algo contigo. He aquí algunas ideas:

  - Sentarse en la misma mesa a la hora de comer,
  - Quedar en los recreos,
  - Volver junto(a)s a casa después del colegio,
  - Jugar un partido junto(a)s,
  - Ir al cine,
  - Dar un paseo por el centro comercial.

Imagina cómo abordarías a una persona nueva en la escuela

No olvides que iniciar una conversación es una habilidad a la que te acostumbras. No todas las conversaciones conducen a una nueva amistad, y eso es perfectamente normal. Sé amable, sé tú mismo(a) y mantente abierto(a) a nuevos contactos. Con el tiempo, encontrarás amigo(a)s que te aprecien por lo que eres.

Gestionar el rechazo y desarrollar la resiliencia

Las situaciones cotidianas pueden provocar sentimientos de rechazo, por ejemplo si tu chiste no hace reír, si nadie te ha reservado un sitio en la cantina o si alguien que te gusta habla con todo el mundo menos contigo.

- El rechazo nos ocurre a todos, incluso a los más sociables.
- El rechazo duele, pero es imposible evitarlo por completo.

De hecho, no te conviene hacerlo: las personas que tienen demasiado miedo al rechazo como para arriesgarse lo más mínimo tienen garantizado al 100% que se perderán lo que quieren: amigo(a)s, novio o novia, una buena universidad, un trabajo que les guste, etc.

Es importante recordar que el rechazo no determina tu valía ni a ti mismo(a). He aquí cómo manejar el rechazo como un(a) campeón(a):

- **Sé sincero(a)**

Para afrontar bien el rechazo, tienes que trabajar dos cosas: lo que sientes y lo que piensas.

Empecemos por los sentimientos

Si te han rechazado(a), reconócelo. No intentes ignorar el dolor o fingir que no te duele. En lugar de pensar "no debería sentirme así", dite a ti mismo que es normal que te sientas mal, dada la situación.

Observa la intensidad de tus sentimientos

¿Este rechazo te ha afectado mucho o sólo un poco? Llora si quieres, ya que es una forma natural de deshacerte de tus emociones.

Ahora, nombra lo que sientes

Por ejemplo: "Estoy muy decepcionado(a) por no haber sido invitado(a) a esta fiesta. Tenía muchas ganas de ir. Me siento excluido(a) porque alguno(a)s de mis amigo(a)s van y yo no".

Si quieres, **cuéntale a alguien que te importe** lo que te ha pasado y cómo te sientes. Hablar con otra persona puede ser útil por dos razones:

- Puede ser tranquilizador saber que alguien entiende por lo que estás pasando.
- Te obliga a expresar tus sentimientos con palabras.

Admitir cómo te sientes puede ayudarte a superar las emociones dolorosas.

- **Pensamientos positivos**

Cuando te enfrentas a una emoción dolorosa como el rechazo, es fácil que te abrumen los pensamientos negativos. Pero insistir en ellos puede ser como revivir la experiencia una y otra vez. No sólo sigue doliendo, sino que cada vez resulta más difícil superar el rechazo.

Así que admite lo que sientes, pero no insistas en ello. Evita hablar de ello o pensar en ello todo el tiempo. ¿Por qué? Porque los pensamientos negativos influyen en nuestras expectativas y en nuestra forma de actuar. Encerrarte en una perspectiva negativa puede incluso provocar un mayor rechazo. Desde luego, no te dan ganas de volver a intentarlo.

- **Examina la banda sonora de tus pensamientos**

Pasemos a lo que estás pensando: piensa en cómo explicas este rechazo. ¿Estás siendo demasiado duro(a) contigo mismo(a)? Es natural que te preguntes: "¿Por qué ha ocurrido esto? Cuando intentes explicar un rechazo, asegúrate de ceñirte a los hechos.

Dite a ti mismo: "No me han invitado(a) a esta fiesta porque la persona que la organiza no me conoce", en lugar de "No me han invitado(a) porque no le caigo bien a la gente" o "No me han invitado(a) porque soy un desastre". No son hechos, sino una interpretación de la situación.

Si te asaltan pensamientos autodespreciativos como éstos, **cállalos**.

Los pensamientos de culpa o autodesprecio pueden exagerar nuestros defectos y llevarnos a creer cosas sobre nosotros mismos que sencillamente no son ciertas. Este tipo de pensamientos nos quitan la esperanza y la confianza en nosotros mismos, que son precisamente las cosas que necesitamos para superar nuestro malestar y volver a probar suerte.

Si empiezas a culparte por el rechazo o a menospreciarte, puedes acabar creyendo que siempre te rechazarán. Pensamientos como "Nunca me invitarán" o "Nadie me querrá nunca" magnifican un simple rechazo hasta convertirlo en un desastre. El rechazo puede doler mucho y ser terriblemente decepcionante, pero no es el fin del mundo.

- **Pon las cosas en perspectiva**
Dite a ti mismo(a): "Vale, esta vez no me han invitado(a). Quizá la próxima vez sí'" o "Vale, las cosas no han salido como esperaba. Lo lamento. Pero el rechazo le pasa a todo el mundo y puedo volver a intentarlo".

Piensa en lo que se te da bien y en lo que te gusta de ti mismo. Recuerda las veces que te han aceptado(a), cuando te han invitado(a), cuando alguien te ha dicho "sí". Piensa en todas las personas que te aprecian y te apoyan.

- **Date crédito por intentarlo**

¿Fuiste a hablar con alguien nuevo, hiciste una prueba para el equipo de fútbol? Te has arriesgado(a), eso está bien. Recuerda que puedes enfrentarte al rechazo. Aunque hoy te hayan rechazado(a), mañana habrá otra oportunidad. Piensa con filosofía: a veces las cosas pasan por algo.

- **Utiliza el rechazo a tu favor**

Un rechazo es una oportunidad para preguntarte si hay cosas que se podrían mejorar o si tus objetivos eran superiores a tus aptitudes.

Si tus habilidades no eran lo suficientemente buenas esta vez, puede que tengas que mejorar tu juego, estudiar más o reforzar algún otro elemento para mejorar tus posibilidades de ser aceptado la próxima vez. Aprovecha el rechazo como una oportunidad para mejorar.

Un rechazo puede ser un duro golpe de realidad. Pero si lo afrontas adecuadamente, puede ayudarte a avanzar en una dirección que se adapte perfectamente a tus talentos, tu personalidad y todo lo que te hace ser quien eres.

Fomentar la resiliencia

La resiliencia es la capacidad de recuperarse de los momentos difíciles.

Ejercicio: Actividades para aumentar la resiliencia

- Participa en actividades que refuercen tu autoestima y bienestar, como dedicarte a un hobby que te guste o pasar tiempo con amigos y seres queridos.
- Desarrolla o mantén una rutina diaria y recuerda incluir actividades que te permitan cuidarte y hacer ejercicio.
- Márcate pequeños objetivos y celebra tus éxitos a lo largo del camino.

Este ejercicio pretende fomentar la resiliencia centrándose en el autocuidado y el desarrollo personal.

A cualquier edad, los rechazos y los fracasos pueden ser difíciles, pero también ofrecen oportunidades para el autodescubrimiento y el crecimiento. Recuerda que tu capacidad para recuperarte es un superpoder que te ayudará a afrontar los retos de la vida con mayor fuerza y perseverancia.

Capítulo 4: Comunicación eficaz

Las relaciones sanas se basan en una buena comunicación. Es como tener una hoja de ruta para navegar por los vericuetos de la vida. He aquí cómo comunicarse eficazmente.

Escuchar activamente: la clave para entender a los demás

La escucha activa es como un puente que te conecta con tu amigo(a). Genera confianza, fomenta la comunicación abierta y profundiza en la relación. He aquí por qué es esencial:

- **Demuestra que te importan los demás**: cuando escuchas activamente, dices: "Me interesa lo que dices y quiero entenderlo".

- **Evita malentendidos**: La falta de comunicación es como un hilo enredado. La escucha activa ayuda a desenredar los nudos y garantiza que se está en la misma longitud de onda.

- **Resuelve conflictos**: Muchos conflictos surgen de malentendidos. La escucha activa permite identificar y resolver los problemas antes de que se agraven.

La escucha activa no consiste sólo en oír palabras. Es una combinación de varios elementos:

- Guarda el móvil en el bolsillo o en el bolso.
- Mira al interlocutor. Esto demuestra que estás interesado y prestando atención.
- Utiliza un lenguaje corporal abierto y acogedor. Evite cruzarse de brazos o parecer distraído.
- Asiente con la cabeza, sonríe, di "Ya veo", "Continúa" y otras señales verbales para demostrar que estás escuchando.
- Repite lo que has oído para confirmar que lo has entendido. Por ejemplo: "Entonces, lo que he oído es...".
- Haz preguntas de seguimiento: Una vez que la persona haya hablado, haz preguntas que muestren tu curiosidad y tu deseo de saber más. Por ejemplo: "¿Puedes contarme más? " o "¿Cómo te ha hecho sentir? ".

La escucha activa es un regalo que hacemos a nuestros interlocutores. Les dice: "Estoy aquí para ti y valoro lo que tienes que decir".

Si dominas esta habilidad, construirás relaciones sólidas gracias a una mayor comprensión y confianza.

El ABC de una comunicación clara y respetuosa

La comunicación eficaz no es sólo cuestión de palabras; también depende de cómo expreses las cosas y de lo que transmita tu lenguaje corporal.

Comunicación verbal: Utiliza un lenguaje claro y cordial. Evita utilizar palabras duras, exageraciones o hablar demasiado rápido. Si no estás seguro(a) de haber entendido lo que dice la otra persona, no dudes en pedir una aclaración. A cambio, si ves signos de duda en la otra persona (el ceño fruncido, por ejemplo), acláralo o repítelo utilizando otras palabras.

Tono respetuoso: Trata a los demás como te gustaría que te trataran a ti. Presta atención al tono y volumen de tu voz. Evita gritar o faltar al respeto, aunque no estés de acuerdo con la otra persona.

Comunicación no verbal: Tu lenguaje corporal dice mucho. Adopta una postura abierta, evita cruzarte de brazos y mantén una expresión facial amable. Esto demuestra que eres accesible y receptivo(a).

Expresarse con eficacia

La comunicación no consiste sólo en escuchar, sino también en expresar lo que uno piensa y siente. He aquí cómo hacerlo con eficacia y teniendo en cuenta a los demás:

Utiliza frases con "yo": Cuando expreses tus sentimientos o pensamientos, di "yo siento" o "yo pienso" en lugar de hacer afirmaciones acusatorias. Por ejemplo: "Me enfado cuando los planes cambian sin avisar".

Considera otros puntos de vista: Comprende que los demás pueden tener otros puntos de vista, y eso está bien. Muéstrate abierto(a) a sus ideas e intenta ver las cosas desde su punto de vista.

Mantén la calma y sé paciente: Si la conversación se caldea, respira hondo e intenta mantener la calma. Evita interrumpir a la otra persona y dale la oportunidad de expresarse.

Recuerda que la comunicación es una habilidad que mejora con la práctica. No seas demasiado duro(a) contigo mismo(a) si las cosas no siempre salen a la perfección. Sigue aprendiendo, escuchando y hablando. Cuanto más practiques, más seguro(a) y eficaz te volverás en tus interacciones con los demás.

Capítulo 5: Empatía y entendimiento

La empatía es ponerse en el lugar de otra persona. Es la capacidad de comprender y compartir los sentimientos de otra persona. La empatía te permite conectar con la gente a nivel emocional, lo que es esencial para construir relaciones fuertes y profundas.

La magia de la empatía en la construcción de relaciones

La empatía adopta diferentes formas:

- **Empatía emocional**: es cuando podemos sentir las emociones de otras personas como si fueran nuestras. Compartimos su alegría, tristeza o emoción.

- **Empatía cognitiva**: consiste en comprender el punto de vista y los sentimientos de otra persona sin sentir necesariamente lo mismo. Es como ver el mundo a través de sus ojos.

Ambos tipos de empatía son igualmente importantes para construir relaciones profundas.

La empatía es el pegamento que mantiene unidas las relaciones. Ayuda a :

- **Generar confianza**: Cuando muestras empatía, la gente se siente escuchada y comprendida. Esto genera confianza y profundiza su relación con ellos.

- **Resolver conflictos**: La empatía puede desactivar los conflictos mostrando que entiendes el punto de vista de la otra persona, aunque no estés de acuerdo con él. Abre el camino al compromiso y la resolución.

- **Apoyar a los demás**: la empatía te permite estar ahí para tus amigos y familiares cuando atraviesan un momento difícil. Tu comprensión y apoyo significan mucho para ellos.

Cómo cultivar la empatía

La empatía es una habilidad que puedes desarrollar y reforzar con el tiempo.

La escucha activa: Cuando alguien te hable, préstale toda tu atención. Escucha no sólo lo que dice, sino también su tono de voz, sus expresiones faciales y su lenguaje corporal.

Da un paso atrás: intenta ver las cosas desde el punto de vista de la otra persona. Pregúntate: "¿Qué puede estar sintiendo esta persona en este momento?

Al final del día, dedica unos minutos a reflexionar sobre tus interacciones con los demás. Piensa en cómo se pueden estar sintiendo y por qué. Anota tus pensamientos y sentimientos en tu diario. Por ejemplo: "Hoy me he dado cuenta de que mi amigo(a) parecía triste durante la comida. Le he preguntado si todo iba bien y me ha contado un problema que tenía".

Haz preguntas: Si alguien parece disgustado, haz preguntas abiertas como "¿Cómo te sientes hoy?" en lugar de "¿Va todo bien?". Si realmente hay un problema, pregunta si puedes hacer algo para ayudar. A veces, el mero hecho de preguntar demuestra que te importa.

Lee libros y ve películas: Leer libros o ver películas sobre emociones y en las que aparezcan personajes de distintos orígenes y experiencias puede ayudarte a comprender mejor los diferentes puntos de vista. Ponte en el lugar de los personajes. Intenta comprender sus motivaciones y sentimientos.

Los retos de la empatía

La empatía puede ser un superpoder, pero también un problema:

Emociones abrumadoras: Sentir las emociones de los demás puede ser abrumador. No te sientas culpable por dar un paso atrás y cuidar de ti mismo(a) cuando esto ocurra.

Límites: No olvides que también necesitas proteger tu propio bienestar emocional. A veces es necesario poner límites para evitar el agotamiento emocional.

Ten en cuenta que desarrollar la empatía es un proceso continuo, y estos ejercicios pueden ayudarte a reforzar esta valiosa habilidad. Cuanto más practiques, más natural te resultará comprender e identificarte con las emociones de las personas que te rodean.

Capítulo 6: Resolución de conflictos

Los conflictos son parte natural de cualquier relación, pero la forma de afrontarlos puede marcar la diferencia. En este capítulo exploraremos los aspectos clave de la resolución de conflictos: comprensión, comunicación, compromiso, disculpas y perdón.

Entender el conflicto

Si discutes a menudo, puede ser útil entender por qué. Cada vez que tengas un desacuerdo con un(a) amigo(a), anota los siguientes puntos:

- ¿Qué desencadenó la pelea?
- ¿Cómo te sentías antes de la discusión (hambriento(a), estresado(a), cansado(a), dolorido(a), enfermo(a), etc.)?
- ¿Cómo te sentiste durante la discusión?
- ¿Sobre qué discrepaban las dos partes?
- ¿Qué crees que pensaba la otra persona?

Estas notas te ayudarán a entender por qué surgen los conflictos y cómo te sientes. Es como un mapa para navegar por situaciones complicadas. Ayuda a entender la **causa raíz**.

Estrategia de comunicación durante un desacuerdo

Tendemos a pensar que los conflictos son algo malo, pero no siempre es así. Los conflictos pueden incluso unir más a los amigos si son capaces de respetar las siguientes reglas a la hora de discrepar:

- **Prepárate**: Si es posible, tómate tu tiempo para escribir lo que quieres decir de antemano, ya que esto puede ayudarte a ordenar tus ideas. Practica repitiendo lo que quieres decir de forma aislada o simulando una conversación con un(a) amigo(a). Respira hondo y medita antes de la conversación, si estos métodos te calman. Puedes utilizar la siguiente página como guía.

- **Mantén la calma**: En caso de conflicto, es aconsejable respirar hondo y mantener la calma en la medida de lo posible. Las emociones pueden desbordarse, pero reaccionar desde la ira o la frustración puede empeorar la situación.

- **Escucha activamente**: Los conflictos suelen surgir por una falta de comunicación o un malentendido. Intenta escuchar activamente a tu amigo(a). Esto significa que no te limites a oír lo que dice, sino que intentes comprender su punto de vista.

Imagina la conversación que te gustaría tener con tu amigo(a)

El otro día, cuando... (Explica lo que pasó)

- ____
- ____

Me sentí... (Describe cómo te sentiste)

- ____
- ____

Sé que... (Asume la responsabilidad si es necesario)

- ____
- ____

¿Puedes decirme si lo has hecho a propósito? (Dale la oportunidad de explicarse)

- ____
- ____

Quizá la próxima vez podríamos... (llegar a un compromiso)

- ____
- ____

¡Ahora te toca a ti!

- **Utiliza frases con "yo"**: Explica cómo te sientes y sé concreto(a). Evita las generalizaciones y no menciones desacuerdos pasados. No hagas acusaciones. Céntrate en un problema concreto. En lugar de decir "siempre haces lo mismo", prueba a decir "me siento herido(a) cuando pasa esto". Las frases "yo" expresan tus sentimientos sin culpar ni acusar a tu amigo(a).

- **Busca el compromiso**: La resolución sana de conflictos suele implicar encontrar un terreno común. Prepárate para transigir y encontrar soluciones que funcionen para ambos. Ten en cuenta que no se trata de ganar, sino de encontrar una solución que beneficie a la relación.

- **Tómate un descanso si lo necesitas**: Si un desacuerdo se vuelve demasiado acalorado, es buena idea tomarse un descanso. A veces, un poco de espacio puede ayudarte a calmarte y a pensar con más claridad.

Pedir perdón

Pedir perdón significa asumir la responsabilidad por acciones o palabras que hayan podido herir o perjudicar a alguien. Es una forma de reconocer que has cometido un error y expresar tu arrepentimiento. He aquí cómo hacerlo eficazmente:

- **Reconoce tu error**: Empieza por admitir qué hiciste mal o qué palabras hirientes dijiste. Sé concreto(a).

- **Expresa tu sincero arrepentimiento**: Muestra verdadero remordimiento por cómo tus acciones o palabras han afectado a la otra persona. Utiliza frases como "lo siento mucho" o "lo lamento profundamente".

- **Asume tu responsabilidad**: Evita poner excusas o culpar a los demás. Acepta que cometiste un error y que fue tu decisión.

- **Pide perdón**: Pide humildemente perdón a la persona a la que has hecho daño. Utiliza frases como "¿Puedes perdonarme? "

- **Arregla la situación**: Si es posible, ofrécete a enmendar o corregir la situación. Este gesto muestra tu deseo de no repetir el mismo error.

Perdonar

El perdón es el acto de dejar ir el resentimiento y la ira hacia alguien que te ha hecho daño. No significa que apruebes sus acciones, pero te permite avanzar y sanar. He aquí cómo practicar el perdón:

- **Entiende tus emociones**: Reconoce y acepta tus emociones, incluidas la ira y el dolor. Es normal sentirse así.

- **Empatía**: Intenta ver la situación desde el punto de vista de la otra persona. Esto no excusa su comportamiento, pero puede ayudarte a entenderla mejor.

- **Comunícate**: Si te sientes cómodo(a), habla con la persona que te hizo daño sobre cómo te afectaron sus acciones. Compartir tus sentimientos puede ayudarte a entender mejor la situación.

- **Pon límites**: Dependiendo de la situación, establece límites para protegerte de más daño. Perdonar no significa que tengas que volver a ponerte en una situación perjudicial.

- **Suéltalo**: Suelta la rabia y el resentimiento que has estado guardando. Se trata de un proceso gradual que puede llevar tiempo, pero que es esencial para tu bienestar emocional.

- **Sigue adelante**: Céntrate en el presente y el futuro en lugar de pensar en el pasado. El perdón te libera de la carga de guardar rencor.

Recuerda que el perdón es una herramienta poderosa para sanar y fortalecer las relaciones, pero también es un proceso personal que puede llevar tiempo.

Capítulo 7: Hacer frente al acoso

Reconocer un comportamiento intimidatorio

El acoso se caracteriza por el uso **reiterado** de la violencia, que puede ser **verbal** (insultos, burlas, críticas), **física** (amenazas, golpes, tocamientos no deseados) o **psicológica** (miradas de desprecio, ostracismo, humillación). También existe el acoso por **apropiación**, es decir, el chantaje o la extorsión: se obliga a la víctima a desprenderse de cosas que le pertenecen (dinero, objetos, comida). Este tipo de violencia la ejercen una o varias personas contra la víctima. Puede ocurrir, por ejemplo, en la escuela o en las redes sociales (**ciber-acoso**).

El acoso se basa en el rechazo de la diferencia. El agresor o agresores pueden, por ejemplo, burlarse del aspecto físico, la forma de vestir, la actitud, una discapacidad, un tartamudeo o la pertenencia a un determinado grupo social o cultural de una víctima más débil y/o aislada.

El acoso puede tener graves consecuencias para la víctima, como ansiedad, depresión, baja autoestima e incluso daños físicos. Sean cuales sean sus supuestos motivos, **el acoso nunca tiene gracia, nunca está justificado y siempre debe denunciarse** para ponerle fin.

Los acosadores son cobardes. Siempre atacan a alguien más débil que ellos, por eso es tan importante desarrollar habilidades de asertividad.

Desarrollar la asertividad

Ser asertivo(a) no significa que seas un(a) egoísta. Simplemente significa que te valoras y sabes mostrar confianza y determinación en tus decisiones. También significa que sabes hacerlo con amabilidad y tacto. No tienes derecho a ser mezquino(a) o cruel con los demás. Siempre debes tratar a los demás, incluidos tus padres, amigo(a)s, profesores y entrenadores, con respeto. Se trata de cuidar mejor de ti mismo(a) y de tus necesidades, no de menospreciar a los demás. He aquí algunos consejos y ejemplos de asertividad.

Aprende a decir que no. Di que sí sólo a las cosas que realmente te importan y a las que tienes tiempo de dedicarte. No tienes que estar en todos los comités, en todos los clubes, ser el representante de la clase, el capitán del equipo, etc. No tienes que ir a todas las fiestas ni decir siempre que sí a todo lo que quieren hacer tus amigos.

Pero aprender a decir que no requiere saber hacerlo. Tienes que aprender que no le debes explicaciones a nadie.

No dejes que la culpa te domine y empieces a intentar justificar o defender tu postura.

Ejemplo: Cuando tus amigos te dicen que quieren ir al cine esta noche, pero tú quieres quedarte en casa o estar con tu familia, puedes decirles simplemente: "Lo siento, esta noche no puedo".

Lo que no debes hacer es poner excusas del tipo "Mi madre dice que no puedo salir esta noche, o estoy muy cansado(a)". Si lo haces, corres el riesgo de que te cuestionen y sentirás que tienes que defender tu postura. **Sé directo(a), amable y firme**. No hace falta más. Cuanto más lo haga, más fácil le resultará.

Di lo que quieres decir y piensa lo que dices. No tiene sentido ocultar lo que sientes o lo que realmente quieres comunicar a los demás. Sé claro(a), conciso(a) y directo(a). Siempre debes intentar ser lo más amable posible, pero no eres responsable de los sentimientos de los demás. Tienes derecho a expresar tus sentimientos y opiniones.

No te preocupes constantemente por herir los sentimientos de los demás. Tus sentimientos también cuentan. Si alguien te pide que hagas algo que no te gusta, puedes decir: "Esto me incomoda. No lo haré".

No tienes que ser quisquilloso(a) ni decir cosas como "no estoy seguro(a)" o "no sé, tal vez". Mantén la calma, sé firme y directo(a), y sigue adelante.

Pide lo que quieres y necesitas. ¿Puedes leer la mente de los demás? Por supuesto que no, y ellos tampoco pueden leer la tuya. Entonces, ¿por qué suponer que otra persona sabe lo que quieres o necesitas? No lo saben, así que nunca responderán a tus deseos si no te haces valer. Una vez más, esto no debe dar la impresión de que eres grosero(a) o autoritario(a).

Al contrario, es más amable decirle a alguien amablemente lo que quieres que haga. Por ejemplo, si tu madre te pide que hagas algo por ella o con ella, pero tú tienes que terminar algo, en vez de decir "Mamá, no puedo, ¿por qué no me dejas en paz? ¿Por qué no me dejas en paz?", por qué no intentas: "Necesito 30 minutos de paz y tranquilidad para terminar mis deberes, y luego estaré disponible para ti".

Si decides no expresarte, probablemente acabarás resentido con todo el mundo por hacer ruido y no saber que necesitas paz y tranquilidad para terminar tu trabajo. Y si no lo haces con amabilidad, corres el riesgo de meterte en líos.

Intenta quererte a ti mismo. Cuando te quieres, no toleras que te pisen o se aprovechen de ti. Recuerda que eres digno(a) de respeto y nunca hagas nada que comprometa tus valores o tu integridad. Mereces que se satisfagan tus necesidades y mereces ser feliz.

Con un poco de tiempo y práctica, puedes aprender a hacer todo lo anterior y sentir más libertad y paz en tu vida. A medida que crezcas hacia la edad adulta, estas herramientas te serán de un valor incalculable.

Estrategias para enfrentarse a los intimidadores

- **Ignóralo**: No reaccionar cuando alguien dice o hace algo hiriente suele ser la respuesta más eficaz al acoso. La mayoría de los acosadores buscan una reacción. Quieren que su víctima se enfade, se avergüence o llore. Si reaccionas emocionalmente, el acoso suele continuar e incluso agravarse. Pero si mantienes la cabeza alta, sin mostrar tus emociones, es probable que el acosador acabe pasando página.

Dile que pare: Los acosadores no suelen esperar que alguien les haga frente. De hecho, suelen dirigirse a niño(a)s a los que creen que pueden intimidar. Por eso puede ser muy eficaz decirle que pare en voz alta, con confianza y mirándole a los ojos. Intenta responder de forma que la situación se calme. Puedes decir algo como "¡Para!" o "¡Para ya!" y alejarte. Estas respuestas son más eficaces **al principio**, antes de que se conviertan en un hábito. Si dirigirte directamente al acosador no funciona, intenta hablar con los espectadores. Por ejemplo, di algo como "¿Vais a quedaros ahí mirando lo que hace?" o "¿creéis que es normal?".

- **Haz una broma**: Algunos niños tienen un sentido del humor muy desarrollado y pueden reírse con un matón. Esto demuestra que tienen confianza en sí mismos y que no les importa que otras personas señalen (o inventen) sus supuestos defectos. Si te ríes con el acosador, éste pierde el poder que creía tener sobre ti y sus métodos de acoso se vuelven ineficaces. A veces, reírse de un comentario malintencionado puede funcionar. No hagas bromas que insulten al acosador, ya que es probable que esto empeore la situación.

- **Dale la razón**: A veces, estar de acuerdo con el comentario de un acosador le quita poder sobre ti. Cuando digan algo sin importancia o intenten menospreciarte, acepta el comentario y diles que tienen razón. Di que no te molesta porque es cierto antes de pedirles que paren o se vayan. Por ejemplo, si el acosador te llama empollón, puedes responderle: "Es verdad, soy un empollón y estoy orgulloso de serlo. Ahora, por favor, déjame en paz". No hace falta que estés realmente de acuerdo con lo que dice.

- **Evita los lugares donde se reúnen los acosadores y quédate con amigo(a)s**. A veces, todo lo que tienes que hacer para prevenir el acoso es alejarte de los lugares donde se produce.

Por ejemplo, los rincones más alejados del patio de recreo, los pasillos vacíos, las habitaciones desocupadas, los aseos, los vestuarios y la parte trasera del autobús.

Los acosadores suelen buscar a los niños que están solos o aislados socialmente. Asegúrate de pasar tiempo con tus amigos, ya que es una forma excelente de prevenir el acoso. Un(a) amigo(a) es suficiente.

- **Denuncia el acoso a un adulto**. Todas estas opciones pueden funcionar, pero también es posible que no. Es importante entenderlo y saber que puede ser necesario más de un enfoque para detener el comportamiento. **La mejor manera de prevenir o detener el acoso suele ser denunciarlo inmediatamente a uno o varios adultos**. Cuando el acoso se convierte en un hábito, es más difícil detenerlo. Dile a un adulto el nombre de la persona que te acosa y lo que te ha hecho. Contarlo a un adulto no significa "denunciar". El acosador quiere que sientas que estás solo(a) y que no puedes contárselo a nadie para sentirse más poderoso que tú.

¿Cómo te enfrentas a la presión de grupo?

Cuando las personas de tu edad, como tus compañero(a)s de clase o los miembros de tu club deportivo, intentan que actúes de una determinada manera, se llama presión de grupo.

Puede que quieras ser como tus compañero(a)s, aunque ellos no te presionen. Es natural querer encajar. Es normal que te guste lo que les gusta a tus amigo(a)s y compañero(a)s, o que hagas lo que ellos hacen, siempre que a ti también te convenga.

Lo(a)s compañero(a)s se influyen mutuamente por el simple hecho de pasar tiempo junto(a)s. Tú aprendes de ello(a)s y ello(a)s aprenden de ti. Es natural escuchar y aprender de la gente de tu edad.

Los compañero(a)s pueden influirte de muchas maneras. Por ejemplo, puedes ver lo que llevan lo(a)s niño(a)s de tu clase, gustarte y llevar lo mismo. Funciona en ambos sentidos. Tus amigo(a)s pueden fijarse en lo que tú haces y empezar a hacerlo también.

Lo(a)s compañero(a)s pueden influirse mutuamente de **forma positiva**. Quizá un(a) compañero(a) de tu clase de ciencias te enseñó una mnemotecnia para recordar las fórmulas químicas más importantes. Tal vez admiras a un(a) amigo(a) que es un(a) buen(a) deportista e intentas ser como él(ella). Tal vez entusiasmaste a tus compañero(a)s de clase cuando les hablaste de tu libro favorito y ahora todo(a)s lo leen.

Pero lo(a)s compañero(a)s también pueden influirse mutuamente de **forma negativa**. Pueden intentar que hagas algo que sabes que está mal. Por ejemplo, ¿qué pasaría si unos cuantos chicos del colegio intentaran que faltaras a clase con ellos? ¿O si tu compañero(a) de fútbol intentara persuadirte para que nunca le pasaras el balón a un miembro del equipo que no le gustara? ¿O si un(a) chico(a) de tu barrio quisiera que robaras una tienda con él(ella)?

¿Qué harías? ¿Cederías a la presión? ¿O te alejarías cuando supieras que estaba mal y que iba en contra de tus valores?

A veces es más fácil saber lo que hay que hacer que hacerlo.

Si lo piensas de antemano, estarás más preparado(a) para hacer lo correcto. Y cuando hagas lo correcto, podrás dar un buen ejemplo a tus amigo(a)s.

¿Por qué algunos niños ceden a la presión de grupo?

Algunos niños ceden a la presión de grupo porque quieren caer bien o porque creen que así encajarán mejor. Algunos temen que otros niños se burlen de ellos si no siguen al grupo. Otros lo hacen por curiosidad. Quieren probar algo que hacen los demás si piensan que "todo el mundo lo hace".

Cómo decir no a la presión de grupo

Confía en tus propios sentimientos sobre lo que está bien y lo que está mal. Pregúntate: "¿Es esto lo correcto?". Probablemente ya sepas la respuesta. Cuando sabes qué es lo correcto, te ayuda a mantenerte firme.

- **Elige buenos amigos**. Seguro que algún padre o profesor te ha dicho: "Elige bien a tus amigos". La presión de grupo es una de las principales razones por las que dicen esto. Si eliges amigos que no faltan a clase, no fuman ni mienten a sus padres, lo más probable es que tú tampoco lo hagas, aunque otros chicos sí lo hagan.

- **Encuentra un(a) amigo(a) que te apoye**. Puede ser muy útil tener al menos otro(a) amigo(a) que también esté dispuesto(a) a decir "no". Esto le quita mucho poder a la presión de grupo. Del mismo modo, si alguna vez has notado que a un(a) amigo(a) le cuesta decir "no" a la presión de grupo, puedes ayudarle(la) diciéndole "estoy contigo".

- **Aléjate**. Si te enfrentas a la presión de grupo cuando estás solo(a), puedes alejarte de esas personas. También puedes decir "no" y alejarte. Mejor aún, busca otro(a)s amigo(a)s y compañero(a)s de clase con los que pasar el tiempo.

- **Pide consejo a un adulto**. Si te enfrentas a una presión de grupo difícil de manejar, pide consejo a un adulto en quien confíes. Habla con uno de tus padres, un profesor o un orientador escolar. Esto puede ayudarte a sentirte mucho mejor. Además, pueden ayudarte a prepararte para la próxima vez que te enfrentes a la presión de grupo.

Capítulo 8: Gestionar las emociones fuertes

La ira

Puede ser aterrador sentirse abrumado(a) por la ira. Pero hay formas de aprender a controlar la ira cuando te encuentras en situaciones difíciles.

Si tus ataques de ira pueden ser violentos o abusivos, esto puede causar graves problemas en tu vida y tus relaciones, y puede ser muy perjudicial para las personas que te rodean. En este caso, es esencial buscar tratamiento y apoyo profesional para controlar tu ira.

La ira puede hacer que tu cuerpo libere adrenalina. Antes de que reconozcas la emoción que sientes, puedes notar que :

- El corazón late más deprisa
- Tu respiración es más rápida
- El cuerpo está tenso
- Los pies golpetean
- Tienes la mandíbula o los puños apretados.

Reconocer estas señales te da la oportunidad de pensar cómo quieres reaccionar ante una situación antes de actuar. Esto puede resultar difícil en el calor del momento, pero cuanto antes te des cuenta de lo que sientes, más fácil te resultará elegir cómo controlar tu ira.

A veces, cuando estamos enfadados, **necesitamos alejarnos de la situación durante un rato**. Esto puede darte tiempo para pensar en cómo te sientes respecto a la situación, decidir cómo quieres responder y sentirte más en control. He aquí algunas formas de darte tiempo para pensar:

- Cuenta hasta 10 antes de reaccionar.
- Aléjate de la situación dando un pequeño paseo, aunque sólo sea alrededor de tu edificio o por tu barrio.
- Habla con alguien de confianza que no esté implicado en la situación, como un amigo, un familiar, un consejero o un grupo de apoyo.
- Expresar tus pensamientos en voz alta puede ayudarte a entender por qué estás enfadado(a) y a calmarte.

Hay muchas formas de calmarse y dejar ir los sentimientos de enfado, dependiendo de lo que funcione para ti y del momento en que estés enfadado.

- **Respira despacio**: Intenta espirar durante más tiempo del que inspiras y concéntrate en cada inspiración.

- **Relaja tu cuerpo**: Si sientes que tu cuerpo está tenso, intenta concentrarte en cada parte de tu cuerpo para tensar y luego relajar los músculos.

- **Prueba técnicas de atención plena**: la atención plena puede ayudarte a ser consciente de cuándo te enfadas y a calmar tu cuerpo y tu mente. En la página siguiente encontrarás dos ejercicios.
- **Ejercicio:** intenta deshacerte de tu enfado haciendo ejercicio. Deportes como correr o boxear pueden ser muy útiles para liberar la energía reprimida.
- **Utiliza tu energía de forma segura de otras maneras**: Esto puede ayudarte a aliviar algunos de tus sentimientos de ira sin hacerte daño a ti mismo ni a los demás. Por ejemplo, puedes rasgar un periódico, golpear una almohada o aplastar cubitos de hielo en un fregadero.
- **Haz algo para distraerte mental o físicamente**: cualquier cosa que cambie por completo tu situación, tus pensamientos o tus hábitos puede ayudarte a evitar que tu ira vaya a más. Por ejemplo, puedes intentar :

Ejercicios de atención plena

Ponte cómodo(a). Pon las manos sobre el estómago y cierra los ojos. Relaja todos tus miembros. Si puedes, pon de fondo el sonido de la lluvia, las olas o un riachuelo.

Ejercicio 1: Imagina que paseas por un prado. Siente el viento y el calor del sol en la cara. Siente la hierba fresca y suave bajo tus pies descalzos. Mira a tu alrededor, al horizonte, y huele la hierba y las flores. ¿Quizá puedas oír el chapoteo de un arroyo o el sonido de los cencerros?

Ejercicio 2: Imagina que caminas por una playa junto a un mar cristalino. Escucha el sonido de las olas. ¿Oyes a las gaviotas? Siente el viento salado en tu pelo. Imagina el suave calor de la arena bajo tus pies. Respira el aire y el olor del mar.

Intenta hacer este ejercicio de dos a cinco minutos. Utiliza tu imaginación y la memoria de tus cuatro sentidos -vista, oído, tacto y olfato- para explorar estos lugares tranquilos y protegidos. Puedes imaginar cualquier lugar que te guste donde te sientas tranquilo.

Entender las raíces de tu ira

Intenta identificar las causas subyacentes de tu ira. ¿Se debe a una injusticia percibida, a la frustración o a un sentimiento de no ser escuchado?

____

____

____

____

Piensa en tus desencadenantes y patrones repetitivos. ¿Hay situaciones o personas recurrentes que despiertan sistemáticamente tu ira?

____

____

____

____

Escribir tus pensamientos y sentimientos cuando estás enfadado(a) puede ayudarte a dar un paso atrás y ver las cosas con más claridad.

Si tu enfado está relacionado con un problema social o una injusticia, utilízalo como motivación para abogar por un cambio positivo a través de medios no violentos.

La tristeza

Cuando estás triste, puedes tener la sensación de que va a durar para siempre. Pero la mayoría de las veces, los sentimientos de tristeza son temporales. Todo el mundo se siente triste alguna vez. Es importante saber cómo puedes ayudarte a sentirte mejor. He aquí algunas cosas que todos los niños deberían saber:

- Puedes afrontar las cosas tristes cuando ocurren.
- Una actitud positiva te ayuda a encontrar la manera de sentirte mejor.
- Cuando estás triste, ayuda decirle a alguien cómo te sientes.
- Hay cosas que puedes hacer para sentirte mejor.
- Si te sientes deprimido(a) (te sientes muy triste o la tristeza no desaparece), debes hablar con un adulto para que pueda ayudarte.

¿Cómo puedo afrontar las situaciones tristes?

Muchas cosas pueden entristecer a los niños. Puede ser por cosas grandes o pequeñas. A veces los niños están tristes porque tienen un problema en casa, en el colegio o con un amigo. Puede que hayan tenido problemas con sus padres o que alguien les haya insultado en el colegio. A veces los niños se sienten tristes y no saben por qué.

La mayoría de las veces, ayuda :

- **Decir cómo te sientes**. Di a ti mismo (o a otra persona) que te sientes triste. "Me siento triste". Nombrar un sentimiento puede ayudarte a entender por qué te sientes así. Si puedes, expresa también por qué te sientes triste: "Me siento triste porque mi equipo ha perdido". Pero no le des demasiadas vueltas.

- **Debes saber que no estás solo(a)**. Cuando te sientas triste, intenta no culparte. Hay una razón por la que te sientes así. "Perdimos el partido y yo tenía muchas ganas de que ganáramos para seguir en la liga". Es normal sentirse triste cuando algo no sale como esperabas. "Supongo que otros chicos están tristes cuando pierden un partido importante. Seguro que mis compañeros de equipo también están tristes". Sé amable y paciente contigo mismo. Tu tristeza pasará y te sentirás mejor.

- **Respira hondo varias veces**. Puede ser útil que te permitas sentirte triste durante unos minutos. Mientras lo haces, respira lenta y tranquilamente. Cierra los ojos si quieres. Deja que tu vientre se expanda al inspirar. Deja que el vientre se aplane al exhalar todo el aire.

Observa cómo te sientes después de hacer tres o cuatro respiraciones lentas y tranquilas como ésta. ¿Quizá haya desaparecido parte de tu tristeza?

- **Mantén una actitud positiva**. Cuando las cosas no salgan como quieres, no te rindas. Dite a ti mismo: "Esta vez no ha salido bien. La próxima vez irá mejor". No te culpes. Felicítate por haberlo intentado. Después concéntrate en lo que tienes que mejorar y prepárate para volver a intentarlo.

¿Qué más puedo hacer para sentirme mejor?

Si has probado estas cosas, puede que ya te sientas mejor. Pero aquí tienes otras cosas que pueden ayudarte cuando te sientas triste:

- **Busca apoyo**. Cuéntale a alguien cómo te sientes. Puedes hablar con uno de tus padres, un(a) profesor(a) o un(a) amigo(a). Pueden escuchar cómo te sientes. Después de escucharte, puede que te digan: "No me extraña que te sientas así, entiendo por qué estás triste". Ayuda saber que te comprenden. A veces eso es todo lo que necesitas para empezar a sentirte mejor. Otras veces, querrás hablar más de tus sentimientos. Hablar de cómo te sientes te ayuda a prepararte para sentirte mejor.

- **Piensa en cosas buenas**. Cuando estés listo(a) para sentirte mejor, piensa en las cosas buenas. ¿Hubo algo bueno en tu día? ¿Te ha tratado bien alguien? ¿Ha ido algo bien? También puedes pensar en otras cosas buenas. Como tus libros, juegos o programas de televisión favoritos. Piensa en las personas, los lugares o los animales que te gustan. Escribe cosas positivas, dilas en voz alta o dibújalas. Aunque no estés de humor para hacerlo, inténtalo de todos modos. Puedes hacer un cuaderno y anotar todas las cosas que te gustan, los buenos recuerdos que tienes, por ejemplo, y consultarlo cuando te sientas triste. Es difícil estar triste cuando piensas en cosas buenas.

- **Muévete o haz algo**. Deshazte de un estado de ánimo triste haciendo cosas que te pongan de un humor más alegre. Juega a algo o haz deporte, monta en bici, baila o corre. Da un paseo, haz arte o toca música. Pasa tiempo con alguien a quien quieras.

Aprender a gestionar los sentimientos de tristeza requiere práctica. Pero te ayuda a dejar espacio para sentimientos más positivos.

Activación del comportamiento

Cuando los sentimientos negativos te abruman, a veces sólo quieres encerrarte en tu habitación y no tener vida social. Por desgracia, es probable que esto te haga sentir aún peor.

Una forma de cambiar tu estado de ánimo es **obligarte a hacer cosas que te gustan y que son importantes para ti** cuando te sientes bien.

Participar en actividades agradables tiene el poder de cambiar lo que pasa por tu cabeza, porque el comportamiento influye en la mente (y no sólo al revés).

Piensa en actividades que te proporcionen satisfacción, como hacer deporte, ver una película o salir con los amigos. Planifica al menos dos o tres actividades para la semana siguiente y anota cómo te sientes y qué piensas después de ellas.

Utiliza la página siguiente para anotar y planificar estas actividades.

🕐	Actividad	Humor	Pensamientos
	Actividad	Humor	Pensamientos

La vergüenza

La vergüenza es ese sentimiento profundo e incómodo de que de alguna manera somos defectuosos o indignos. Cualquiera puede sentir vergüenza. Puede surgir de diversas situaciones, como cometer un error, no estar a la altura de las expectativas propias o ajenas, o sentirse diferente de los demás.

La vergüenza puede esconderse detrás de la culpa o la ira. También puede manifestarse como tristeza. No siempre es fácil reconocer la vergüenza en nosotros, pero si lo haces, lo primero que debes hacer es admitirla, porque así evitarás que te defina.

Identifica los desencadenantes: presta atención a lo que desencadena tus sentimientos de vergüenza. ¿Tiene algo que ver con tu aspecto, tus acciones u otra cosa?

____

____

____

¿Puedes hacer algo al respecto?

____

____

En caso afirmativo, ¿cuál es tu plan de acción?

____

____

____

Observa cómo sientes la vergüenza en tu cuerpo. Puede ser una aceleración del ritmo cardíaco, sudoración, mejillas enrojecidas, mareos, incapacidad para concentrarse, opresión en el pecho o rechazo al contacto visual.

Sé amable contigo mismo(a): Acepta que cometer errores forma parte del ser humano. Trátese a sí mismo con la misma amabilidad con la que trataría a un(a) amigo(a) avergonzado(a).

Desafía las cosas negativas que dices de ti mismo: Cuando te des cuenta de que tienes pensamientos autocríticos, desafíalos sustituyéndolos por pensamientos positivos. Por ejemplo, sustituye "soy tan estúpido(a)" por "he cometido un error, pero puedo aprender de él".

Comparte tus sentimientos con una persona comprensiva: Los sentimientos de vergüenza son más fáciles de disipar si los compartes con una persona empática. Aunque la vergüenza es una experiencia universal, a nadie le gusta hablar de ella. Pero es una parte necesaria del proceso de curación.

Los celos

Los celos son una emoción natural, pero pueden ser difíciles de manejar. Veamos cómo entender y superar los celos de forma saludable.

Pregúntate por qué: Cuando sientas celos, pregúntate por qué te sientes así. ¿Es inseguridad, miedo a perder algo u otra cosa?

Identifica los desencadenantes: Identifica qué desencadena tus celos. ¿Son las redes sociales, la comparación con los demás o la sensación de ser excluido(a)?

Céntrate en lo que tienes: En lugar de fijarte en lo que otros tienen y tú no, céntrate en lo que tú tienes y en lo que te hace único(a).

Diario de agradecimiento: Considera la posibilidad de llevar un diario de agradecimiento en el que anotes regularmente las cosas por las que estás agradecido(a).

Háblalo: Si tus celos afectan a alguien cercano, mantén una conversación abierta y sincera con esa persona. Comparte tus sentimientos sin culpar a nadie. Deja que la otra persona también se exprese. Entender su punto de vista puede ayudar a calmar los celos.

Autoestima: Trabaja para reforzar tu autoestima reconociendo tus puntos fuertes, tus logros y las cualidades que admiras de ti mismo(a). Utiliza el segundo capítulo de la guía como ayuda.

Fíjate objetivos personales: Céntrate en tu desarrollo personal y en alcanzar tus propios objetivos en lugar de compararte con los demás.

Reduzca su presencia en las redes sociales: Si las redes sociales desencadenan tus celos, considera la posibilidad de reducir la cantidad de tiempo que pasa en estas plataformas o cambiar tu feed de noticias para mostrar contenidos más positivos.

Practica la atención plena: Los ejercicios de atención plena pueden ayudarte a anclarte en el presente y reducir tus pensamientos de celos. Encontrarás dos de ellos en la página 84.

Recuerda que afrontar los sentimientos negativos es un proceso continuo. No pasa nada por buscar el apoyo de amigos de confianza, familiares o profesionales de la salud mental si lo necesitas. Las emociones forman parte del ser humano y, con tiempo y práctica, puedes aprender a gestionarlas de forma sana y constructiva.

Capítulo 9: Recordatorio de algunas reglas de buena educación

Seguir las reglas de los buenos modales es esencial para fomentar interacciones respetuosas y armoniosas con los demás.

- **Respeto**: Respeta siempre a los demás, sea cual sea su edad, sexo, origen étnico o social, creencias religiosas u orientación sexual.

- **Saludos**: Recuerda decir hola, adiós, por favor y gracias. Usa el nombre de las personas cuando sea apropiado o Señora / Señor cuando sea necesario.

- **Modales en la mesa**: Sigue las normas básicas en la mesa, como lavarte las manos antes de comer, no hablar con la boca llena, utilizar correctamente los cubiertos y las servilletas y esperar a que todo el mundo esté servido antes de empezar a comer.

- **Si estás invitado(a) en casa de alguien**, agradece la invitación y ofrécete a ayudar a poner la mesa y a recoger o fregar los platos. Si te gusta la comida o algún plato, no dudes en felicitar al cocinero o a la cocinera. Por supuesto, ¡también puedes hacerlo en casa!

- **Escucha atentamente** cuando alguien te habla. Evita interrumpir y muestra interés por lo que dice. No consultes el teléfono y mantén el contacto visual.

- **Respetar el espacio personal**: Respeta el espacio personal de los demás no colocándote demasiado cerca de ellos, no tocándolos ni tocando sus pertenencias sin permiso.

- **Comunicación en línea**: Evita los insultos, el acoso y compartir contenidos ofensivos. Piensa en cómo pueden percibir tus mensajes los demás. Recuerda que Internet nunca olvida.

- **Etiqueta telefónica**: Utiliza un tono de voz respetuoso y evita hablar alto en público. Evita también utilizar el móvil durante las comidas o en situaciones en las que pueda resultar descortés.

- **Puntualidad**: Procura llegar a tiempo a las citas, ya sea en la escuela, en actividades o para reuniones.

- **Disculpas**: Aprende a disculparte cuando hayas hecho algo mal. Asumir la responsabilidad de tus actos es un signo de madurez.

- **Empatía**: Intenta comprender los sentimientos de los demás y muestra empatía cuando alguien esté pasando por un momento difícil.

- **Respeto a la intimidad**: respeta la intimidad de los demás, lo que incluye no husmear en sus asuntos, compartir información confidencial o difundir rumores.

- **Lenguaje apropiado**: Evita utilizar un lenguaje vulgar u ofensivo en público. Adapta tu lenguaje a la situación y a la audiencia.

- **Agradecimientos**: No olvides dar las gracias a los demás cuando corresponda, ya sea por un regalo, un servicio prestado, una invitación o un gesto amable.

Estas normas de cortesía son esenciales para crear relaciones armoniosas con los demás y mostrar respeto por las personas que conoces en la vida cotidiana. También ayudan a desarrollar importantes habilidades sociales que te serán útiles a lo largo de tu vida.

Capítulo 10: Etiqueta digital y seguridad en línea

Es esencial encontrar el equilibrio adecuado entre la vida virtual y los contactos reales. Los mensajes y comentarios en las redes sociales pueden dar lugar a malentendidos y crear distancia entre tú y tus amigo(a)s.

Cuando haya un malentendido que aclarar, algo que te moleste o quieras abordar un punto que te preocupa, asegúrate de hacerlo **en persona** y no a través de comentarios en las redes sociales o por mensaje de texto, porque las personas con las que hablas envían muchos mensajes no verbales (expresiones faciales, posición del cuerpo, brazos, etc.) que nos hablan de su estado de ánimo y nos permiten reaccionar, ajustar nuestra comunicación y aclarar lo que estamos diciendo.

También debes tener cuidado de no tomarte al pie de la letra las publicaciones de tus amigos. A veces hay una gran distancia entre la vida virtual y la vida real.

Por último, ¿has oído el dicho "para vivir felices, vivamos escondidos"? Significa que es mejor no hablar de tu vida privada. Pregunta siempre a tus amigo(a)s si puedes publicar fotos tuyas con ello(a)s y sugiere lo mismo cuando aparezcas en sus fotos.

Navegar por el mundo digital con responsabilidad

¿Sabes lo que dicen: "Un gran poder conlleva una gran responsabilidad"? Esto es especialmente cierto en el mundo digital. Veamos cómo comportarse de forma responsable y respetuosa en Internet.

Seguridad en Internet

Del mismo modo que miras a ambos lados antes de cruzar la calle, debes protegerte en Internet.

- Aprende a utilizar la **configuración de privacidad** de tus cuentas en las redes sociales. Son como candados digitales para tu información personal.

- Crea **contraseñas seguras** que no sean fáciles de adivinar. Y no las compartas con tus amigo(a)s. Es como compartir la llave de casa: ¡no es buena idea!

- **No divulgues demasiadas cosas**: Tu dirección, tu número de teléfono, el nombre de tu colegio, tu edad. Nunca los compartas con extraños en Internet.

- Si algo en Internet te hace sentir incómodo(a), o si ves ciberacoso, díselo a alguien.

¿Te gustaría quedar con amigo(a)s que has conocido por Internet? Pide **siempre la opinión de tus padres**. Si tus padres están de acuerdo en que quedes con ello(a)s :

- Elige lugares públicos donde te sientas cómodo(a) y seguro(a), como una cafetería, un parque o un restaurante.

- Cuéntale a un(a) amigo(a) o familiar de confianza tus planes, incluyendo dónde estarás, con quién (es incluso mejor si le das su número de teléfono) y a qué hora volverás.

- También puedes pedirle a un(a) amigo(a) de confianza que te acompañe.

- Si te sientes incómodo(a), confía en tu instinto y acorta la cita educadamente. Tu intuición puede ser una excelente consejera.

No olvides que Internet es un vasto desierto. Con los conocimientos y la mentalidad adecuados, es un lugar extraordinario para explorar. Sé un ciudadano digital responsable y no sólo te protegerás a ti mismo(a), sino que contribuirás a un mundo online más seguro y respetuoso.

Qué hacer y qué no hacer en la comunicación online

Piensa antes de publicar: Pregúntate siempre: "¿Quiero que esto lo vea todo el mundo? ¿Qué pensarían tus padres, tus profesores o un futuro empleador de lo que acabas de publicar? Una vez en Internet, es difícil volver atrás.

Sé tan amable online como offline: recuerda que tus interacciones online deben reflejar la forma en que tratarías a alguien cara a cara. A nadie le gustan los maleducados cibernéticos.

Piensa antes de enviar tu mensaje: Pregúntate: "¿Le diría esto a alguien a la cara?". Si no es así, evita enviar el mensaje. Es una regla de oro.

Respeta las creaciones ajenas: si no es tuya, no la utilices sin permiso. ¿Ese vídeo tan mono de cobayas comiendo? Alguien lo hizo, así que dale el crédito que se merece.

Ciberacoso: ¿Qué es y cómo pararlo?

¿Qué es el ciberacoso? Es cuando alguien utiliza Internet para herir, acosar o intimidar a otros. Por ejemplo, con mensajes desagradables, amenazas, compartiendo cosas embarazosas o difundiendo rumores.

Por qué es grave: El ciberacoso no es ninguna broma; puede herir gravemente a las personas desde el punto de vista emocional. Además, puede tener consecuencias legales para el acosador o la acosadora.

¿Cómo reaccionar? Si algo en Internet te asusta, te ofende o te molesta, no ignores esos sentimientos. Son verdaderas señales de alarma.

Es tentador contraatacar de forma inteligente, pero a menudo esto puede empeorar la situación. En lugar de eso, aléjate del teclado, pero antes **haz capturas de pantalla** o **graba los mensajes**. Te servirán como prueba si tienes que denunciar un acoso en línea.

No tienes por qué pasar por esto solo(a). **Habla con un adulto de confianza**, como tus padres, un(a) profesor(a) o un orientador escolar. Cuéntales lo que te pasa y no ocultes nada.

La mayoría de las plataformas disponen de herramientas para **bloquear** y **denunciar** usuarios. Utilízalas para protegerte a ti mismo(a) y a los demás.

Comprueba tu **configuración de privacidad** y revisa lo que compartes en Internet. Cuanta menos información personal haya en Internet, más difícil les resultará a los acosadores atacarte. Si crees que alguien puede tener tu contraseña, cámbiala inmediatamente.

Habla con tus amigo(a)s de lo que te está pasando. Pueden darte apoyo e incluso compartir sus experiencias.

Si el acoso en línea te causa angustia emocional, considera la posibilidad de hablar con un **profesional de la salud mental**. Están capacitados para ayudarte a afrontar la situación.

En casos extremos de amenazas o acoso, puede ser necesario **llamar a la policía**. No dudes en ponerte en contacto con ellos si te sientes amenazado(a).

Recuerda: no es culpa tuya. No te culpes, la culpa es de quien lo hace. Tienes derecho a sentirte seguro en Internet, igual que en el mundo físico. El acoso en línea es inaceptable, y hay personas y recursos para ayudarte.

¡Enhorabuena! A lo largo de este libro, has descubierto el profundo impacto de las habilidades sociales en tu vida.

Has profundizado en el arte de hacer amigos, comprendiendo que las verdaderas amistades se construyen sobre cualidades como la amabilidad, la empatía y el respeto. Te has armado de estrategias para iniciar conversaciones, acercarte a gente nueva y resolver conflictos con elegancia.

La confianza se ha convertido en un superpoder. Te has dado cuenta de que la confianza no consiste en ser perfecto(a), sino en creer en ti mismo(a), incluso cuando te enfrentas a desafíos.

Has aprendido a reconocer y gestionar emociones complejas, desde la ira a la vergüenza, desde los celos al miedo, de forma sana y constructiva.

Pero recuerda que este viaje no ha terminado. La vida es una exploración continua y tus habilidades sociales seguirán evolucionando a medida que crezcas. Aprovecha cada nueva experiencia como una oportunidad para aprender y acercarte a las personas que te rodean. Tienes los conocimientos, la empatía y la resiliencia necesarios para afrontar los retos, entablar relaciones significativas y tener un impacto positivo en tu vida y en la de quienes conozcas.

Anexos

Hacer frente a los cotilleos

Escenario: Oyes por casualidad que un compañero de clase está difundiendo rumores sobre ti.

Estrategia: Aborda la situación con calma y asertividad.

- Respira hondo para calmarte y evita reaccionar emocionalmente.
- Busca un momento y un lugar adecuados para hablar con la persona en privado.
- Utiliza frases con "yo" para expresar cómo te sientes respecto al cotilleo. Por ejemplo: "Me sentí herido(a) cuando oí los rumores sobre mí".
- Pide a la persona que deje de difundir información falsa y que aclare la verdad si es necesario.
- Si la persona no responde positivamente, o si el cotilleo continúa, pide apoyo a un adulto o a un(a) profesor(a) en quien confíes.

Cómo afrontar la presión de grupo

Escenario: Tus amigo(a)s te empujan a hacer algo que te hace sentir incómodo(a), como faltar a clase.

Estrategia: Afírmate y define claramente tus límites.

- Recuerda tus valores y lo que te hace sentir cómodo(a).
- Niégate educada pero firmemente, diciendo algo como "Agradezco la invitación, pero prefiero no faltar a clase".
- Propón otra actividad o sugiere pasar un rato junto(a)s después de clase.
- No cedas a las presiones. Mantente firme en tu decisión, aunque tus amigo(a)s sigan insistiendo.
- Si la presión de grupo persiste o se convierte en un problema, habla con un adulto de confianza o con un consejero para que te apoye.

Resolver un conflicto con un(a) amigo(a)

Escenario: Tú y tu amigo(a) estáis discutiendo por un desacuerdo.

Estrategia: Utiliza la comunicación y la empatía para resolver el conflicto.

- Acércate a tu amigo(a) y exprésale tu deseo de hablar y resolver el problema.
- Escucha el punto de vista de tu amigo(a) sin interrumpirle(la) para que pueda compartir sus sentimientos.
- Comparte tus pensamientos y sentimientos con calma y sinceridad, utilizando frases con "yo". Por ejemplo: "Me sentí herido(a) cuando...".
- Intenta encontrar puntos de acuerdo y compromiso.
- Si has cometido un error, discúlpate sinceramente.
- A veces los conflictos tardan en resolverse. Ten paciencia y muéstrate abierto(a) a la reconciliación.

Cómo afrontar un silencio incómodo

Escenario: Estás charlando con alguien que no conoces bien y se produce un silencio incómodo.

Estrategia: Convierte los silencios incómodos en oportunidades para conectar.

- Los silencios incómodos le ocurren a todo el mundo, así que no te asustes.
- Fomenta la conversación haciendo preguntas abiertas como: "¿Qué te gusta hacer para pasar el tiempo?".
- Comparta sus propias ideas o experiencias relacionadas con el tema.
- Aligera el ambiente con un chiste apropiado o un comentario divertido.
- A veces el silencio puede ser un momento de reflexión. Aprovéchalo y luego lleva la conversación en una nueva dirección.

Cómo afrontar las críticas

Escenario: Recibes duras críticas de un profesor delante de otras personas.

Estrategia: Mantén la calma y responde a las críticas de forma constructiva.

- Evita ponerte a la defensiva o reaccionar emocionalmente ante las críticas.
- Escucha atentamente la crítica para entender las preocupaciones específicas.
- Si la crítica no está clara, pide ejemplos concretos o aclaraciones.
- Haz saber a la persona que aprecias sus comentarios y que estás dispuesto a mejorar.
- Si la crítica es personal o embarazosa, pida una reunión privada para discutirla más a fondo.

Cómo manejar la atención no deseada

Escenario: Alguien a quien no conoces bien está constantemente intentando llamar tu atención e invadiendo tu espacio personal.

Estrategia: Establece límites claros sin dejar de ser educado(a) y asertivo(a).

- Retroceda de forma educada o establezca una distancia física si alguien invade su espacio personal.
- Expresa de manera educada pero firme tu necesidad de espacio personal, diciendo algo como: "Agradezco tu interés, pero me gustaría tener algo de espacio por ahora".
- Desplaza la conversación a un tema más cómodo o busca una excusa para marcharte, si es necesario.
- Si la persona persiste o te hace sentir incómodo(a), llama a un(a) amigo(a), a alguien de confianza o a una figura de autoridad.
- Confía siempre en tus instintos. Si te sientes inseguro(a), márchate y pide ayuda.

Reaccionar ante la exclusión por parte de los demás alumnos

Escenario: Te excluyen regularmente de las actividades de grupo o de las conversaciones.

Estrategia: Aborda el problema con tus amigo(a)s, teniendo en cuenta tu valor personal.

- Habla con tus amigo(a)s y expresa cómo te sientes, utilizando frases con "yo". Por ejemplo: "Me he dado cuenta de que no me incluyen en ciertas actividades y me siento excluido(a)".
- Deja que tus amigo(a)s compartan sus opiniones y sentimientos.
- Pregúntales si hay alguna razón para esta exclusión y discute formas de integrarte mejor.
- Pregúntate si el comportamiento de tus amigo(a)s es coherente con una verdadera amistad. Rodéate de personas que te aprecien y te incluyan.
- Si sigues siendo excluido(a), considera la posibilidad de unirte a nuevos grupos o actividades donde puedas hacer nuevo(a)s amigo(a)s.

Responder a un comentario grosero, insulto o burla

Escenario: Alguien hace un comentario grosero u ofensivo sobre tu aspecto.

Estrategia: Muéstrate firme y seguro de ti mismo(a).

- No dejes que el comentario provoque en ti una reacción emocional, o disimúlalo lo mejor que puedas. Respira hondo y mantén la calma.
- Responde al comentario con confianza, diciendo algo como "No me gusta ese tipo de comentarios".
- Deja claro que no vas a tolerar comentarios groseros u ofensivos, pero no entres en una batalla verbal.
- Si la persona sigue faltándote al respeto o se vuelve hostil, aléjate.
- Recuerda que tienes valor y que puedes contar con la opinión de quienes te aprecian y respetan.

En la página siguiente encontrarás más ejemplos de cómo responder a un comentario despectivo.

- **La respuesta "Creo en mí mismo"**: Acepta el comentario con confianza y sigue adelante. Por ejemplo, si alguien te dice: "Nunca tendrás éxito en este campo", responde: "Entiendo tu punto de vista, pero creo en mí mismo(a)".

- **La respuesta "Estoy orgulloso(a)"**: Acepta tu singularidad y responde con confianza. Por ejemplo, si alguien se burla de tu aspecto, puedes decir: "Me gusta mi aspecto, ¡gracias por notarlo!".

- **La respuesta del espejo**: Refleja la falta de respeto sin rebajarte a su nivel. Por ejemplo, si alguien te dice: "Eres muy pesado", puedes responderle: "Es pesado que pienses eso".

- **La respuesta "aceptar y exagerar"**: Acepta el comentario de forma divertida, pero exagéralo para que parezca absurdo. Por ejemplo, si alguien te dice: "Eres un desastre en este juego", puedes responder con una sonrisa: "Oh, no sólo soy un desastre, soy el peor jugador del universo".

- **La respuesta redirigida**: Desvía la atención del insulto y orienta la conversación en otra dirección. Por ejemplo, si alguien critica tu elección de ropa, puedes decir: "La moda es algo subjetivo. Por cierto, ¿has visto la última película de X?".

- **La respuesta humorística**: Utiliza el humor para aliviar la tensión y responde al insulto con una sonrisa. Por ejemplo, si alguien se burla de tu torpeza, puedes decir: "¡Debería grabar un vídeo con mis caídas más épicas!".

- **Respuesta empática**: Expresa tu comprensión y empatía hacia el punto de vista de la persona. Si alguien te critica diciéndote: "Qué lento eres", responde: "Entiendo que pienses eso, pero me gusta tomarme mi tiempo y hacer las cosas a conciencia".

- **La respuesta de "poner límites"**: Establece claramente tus límites manteniendo la calma. Por ejemplo, si alguien invade tu espacio personal y hace un comentario, puedes decir: "Necesito mi espacio personal así que, por favor, respétalo".

Recuerda que lo más importante es mantener tu dignidad y respeto por ti mismo(a) cuando respondas a comentarios irrespetuosos. Adapta tu respuesta a la situación y a tu propio nivel de comodidad, e intenta hacerte valer con seguridad en lugar de agresividad.